Words That Win

What to Say to
Get What You Want

5分钟和陌生人成为朋友 3

怎样说话才能实现心中所想

[美]唐·加博尔◎著

桂小黎◎译

北京理工大学出版社
BEIJING INSTITUTE OF TECHNOLOGY PRESS

图书在版编目（CIP）数据

5分钟和陌生人成为朋友 /（美）加博尔著；桂小黎译. —北京：北京理工大学出版社，2014.8

（工商智库丛书. 人际关系提升）

书名原文: Words that win:what to say to get what you want

ISBN 978-7-5640-9266-5

Ⅰ. ①5…　Ⅱ. ①加… ②桂…　Ⅲ. ①人际关系学—通俗读物　Ⅳ. ①C912.1-49

中国版本图书馆CIP数据核字（2014）第110514号

出版发行 / 北京理工大学出版社有限责任公司
社　　址 / 北京市海淀区中关村南大街 5 号
邮　　编 / 100081
电　　话 /（010）68914775（总编室）
82562903（教材售后服务热线）
68948351（其他图书服务热线）
网　　址 / http://www.bitpress.com.cn
经　　销 / 全国各地新华书店
印　　刷 / 北京普瑞德印刷厂
开　　本 / 710 毫米 × 1000 毫米　1/16
印　　张 / 17.5
字　　数 / 250千字
版　　次 / 2014 年 8 月第 1 版　2014 年 8 月第 1 次印刷
定　　价 / 36.00 元

责任编辑 / 徐春英
文案编辑 / 王　彤
责任校对 / 周瑞红
责任印制 / 边心超

图书出现印装质量问题，请拨打售后服务热线，本社负责调换

Words That Win

前 言

发表演讲、与难相处的同事打交道、初次赴约以及试图得到更好的客户服务这些事情之间有什么共同之处吗？答案就是，在上述情形中（也包括其他成百上千种类似情形中），你都必须在适当的时机说出适当的话以实现你心中所想。如果你和其他很多人一样，一到开会发言时说话就磕磕巴巴，屡次错失升职的良机，在热闹的派对中难以做到如鱼得水般轻松自在，又或是在老板面前就变哑巴，却总是和自己的亲戚说些事后让自己后悔的话，没有哪一次与人争论能够占得上风，那么本书无疑是你绝佳的选择。

本书将为你提供怎样的帮助

《5 分钟和陌生人成为朋友 3》将为你提供这一问题的答案，它将通过丰富的实例告诉你，在生活中的各个方面——无论是在你与上司和同事相处的职业生涯中，或是在你的朋友交际圈子里，又或是在与商家打交道时——你该如何合理地遣词造句，运用怎样的开场白以及设置什么样的场景。

我每天都会运用这些策略、小贴士以及各类案例和脚本，并且屡试不爽。只要你在说话时使用这些技巧，你也会给人以一种落落大方、精明能干且胸有成竹的感觉。

如何使用本书

我写本书的初衷就是为读者提供针对各类可能遇到的情形的快速应变之策。全书分为三大部分，共二十个章节，为你提供了数以百计的建议、列表、注意事项和具体事例。

第一部分：职场篇，你将学习到很多有用的谈话策略、谈话技巧和注意事项：

- 在演讲时表现得镇定自然。
- 雇用合适的员工并管理好团队。
- 与难相处的客户及同事建立融洽关系。
- 通过洽谈获得好的工作职位和可观收入。
- 掌握公开演讲的技巧。
- 说服你的老板给你升职。
- 在不树敌的情况下赢得辩论。
- 提升销售业绩。
- 建立一个范围更广、质量更高的业务网络。

第二部分：消费者篇，你将学习到如何使用恰当的词汇：

- 在商店、饭店和酒店获得更好的客户服务。
- 和医护人员对话，选择更加适合你的医疗方案。

- 该（不该）对律师、警察和法官说的话。

第三部分：社交篇，你会读到上百个具体事例，告诉你该如何：

- 与人搭讪、闲聊，在派对或其他聚会活动上表现得更有吸引力、更自信。
- 认识你的邻居并与之和谐相处。
- 结识新朋友，建立长久的友谊。
- 让你的初次约会开花结果。
- 建立稳定、幸福的婚姻关系。
- 和亲人建立更加融洽的关系。

选择一个主题——随便从哪一页开始阅读

将《5 分钟和陌生人成为朋友 3》作为你的参考用书，但你不必将本书从头读到尾以提高自己的交际能力。找到你感兴趣的主题并翻到那一页，即刻开始学习如何在适当的时机说出适当的话语。很快你会发现，通过阅读《5 分钟和陌生人成为朋友 3》一书，你将受益良多。

目录 Words That Win

第一部分　职场篇

第一章　改进你的专业沟通方式

第二章　建立并管理一支成功的工作团队

第三章　像外交官一样处理员工矛盾

第八章 使用谈判策略获得更好的工作待遇

第九章 利用口才成功推销

第十章 通过人脉建立业务联系

第二部分 消费者篇

第十一章 通过投诉获得更好的服务

第十二章　与医护人员对话

第十三章　与律师、警察和交通法官对话

第三部分　社交篇

第十四章　掌握谈话的秘诀，成为交际高手

第十五章　建立更加和谐的邻里关系

第十六章 怎样结交终生的好友

第十七章 让你的初次约会开花结果

第十八章 利用口才建立一份稳定的感情

第十九章 维系幸福婚姻的策略

第二十章　和孩子、父母及亲人交流

Words That Win

第一部分　职场篇

What to Say to Get What You Want

第一章
改进你的专业沟通方式

“所有人才的最为可贵之处，在于他们从来不夸夸其谈。”

——托马斯·杰斐逊（1743—1826），美国第三任总统

本章学习要点：

·5 种历练你演说风格的方式·7 种帮助你扩充词汇量并更加有效地使用词汇的方法·举手投足散发镇定与自信的气场·让你的同事喜欢你并尊重你的 4 种方式

当年轻的林登·贝恩斯·约翰逊还是一名来自得克萨斯州的国会议员时，一天，他走进富兰克林·罗斯福总统的办公室，想要和总统讨论一下有关在他的管辖区内农村地区通电的提议。然而，罗斯福在整个会议期间滔滔不绝，约翰逊并没有机会开口说话，这使得他非常沮丧。

虽然遭受了一些挫折，但是约翰逊并没有就此放弃。他知道要想让总统接纳他的提议，就必须调整自己的谈话策略。在第二次会议上，

罗斯福总统还没来得及开口，约翰逊就开始了自己的发言。

“说到水的话，到处都有但是没有多少是能够让人直接饮用的，”约翰逊开始口若悬河，“公共电力网络也是一样，覆盖面虽广但是穷人却使用不到。”接着，约翰逊花了几分钟的时间成功说服了罗斯福，使其接纳他的提议。

你的沟通风格，也就是你说话并给他人施加影响的方式，通常只需要一点小小的改进就能让你受益无穷。政治家们总是喜欢仔细琢磨自己的演说和提议中的微小细节，你也可以和他们一样，改进你的沟通方式，这将有助于你在工作中选择并使用合适的话语与对方交流。

5 种历练你演说风格的方式

> “我发现，沉默并非坏事。”
>
> ——卡尔文·柯立芝（1872—1933），第三十任美国总统

来自某大型制造商的一位经理在公司董事长唠唠叨叨开完会后回到了办公室。这时一位同事问他刚刚董事长开会说了些什么，这位经理答道，“嗯，他什么也没说。”

每个人都有这样的经历，那就是听着自己的同事或上级领导絮絮叨叨讲了半天话，却始终不明白对方想要表达的重点是什么。很多人讲话就是这样恼人，没完没了的东拉西扯，可能最后才表达出自己真实的意图。但如果你掌握了清晰表达自己的想法与感受的能力，那么你在那样一群人中无疑会脱颖而出。

如果你能将自己的看法用几句话简练地表达出来，那么你的同事不仅会记住你说过的话，同时也会尊重你的看法。下面有五种方式可以帮助你使用合适的词汇、历练自己的演说风格。

1. 用简短的几句话说明问题

你要养成这样一个习惯，那就是向你的同事和客户讲述你读过的那些书刊和文章的主要内容，或者是你参加过的那些可能会让他们感兴趣的研讨会。你可以谈论与工作相关的内容，也可以谈论一场有趣的电视节目，又或者是其他一切合时宜的话题。你可以使用记者提问时常用的五种问题，即“谁”“什么”“何时”“何地”以及“为什么”，来帮助你整理思路。

举个例子，如果你的公司马上要召开一场销售演示会议，那么你在与同事或客户聊天的时候就可以这样说，“我昨晚参加了一场有趣的研讨会，是关于在公共场合进行演讲的。那个主讲人一直在鼓励我们，而且每个人都有机会站在台前就自己感兴趣的话题进行三分钟的演讲。”

如果你的同事表现出很感兴趣的样子，那么你可以向对方简要地说说自己在研讨会上学到了哪些知识，或是那些体现研讨会精髓的东西。时间允许的话，你可以回忆一下当时某些有意思的小细节，比如说你参加的某个练习活动，你甚至可以和对方具体说说研讨会上他人令你印象深刻的一段发言。

2. 做到言简意赅，言之有物

你是否有过这样的经历，那就是在和人交谈时，对方总是在高谈阔论、卖弄文采，希望借此让你印象深刻？听着从对方口中蹦出的一个又一个五音节单词，你是不是觉得这些单词更应该出现在博士论文或是全国拼字大赛上？这样的言谈方式恐怕很难给你留下深刻的印象，因为你还要费劲弄明白对方到底想表达什么。

在交谈中运用强而有力的词汇的确会给听话人带来冲击，但这是以你选择了与谈话相关的且能正确传达意图的词汇为前提的。放弃使用华而不实的词汇，准确运用各色名词与动词，如使用画笔般勾勒出完整的对话。当你做到这一点时，对方就会理解并记住你所说的话。

3. 使用简短而有力的句子

使用过长且散漫的句子常会使你的听众感到不知所云。有一种简单的造句法可以帮助你避免说出累赘的句子，那就是将句子的主题（指代人、地点或事物的名词）与动词放在一起。另外一种使句子精简的方法就是避免使用以下三种毫无意义的表达法：

省略“……这样的事实”这样的表达法。比如，不要说“我们在销售量上已经遥遥领先这一事实说明了这样的一个事实……”

你应该这样说：“我们在销售量上已经遥遥领先。因此，……”

省略“某某人是……”这样的表达法。比如，不要说“史密斯先生是我们的部门领导，今天他将做一次发言。”

你应该这样说：“我们的部门领导史密斯先生今天将做一次发言。”

对于智者，一言已足

不要使用“不”来修饰各类词语，这样做可以使你的发言更加掷地有声。现举例如下：

表现力不弱——→表现力强

不对的——→错误的

不错的——→普通的

不贵的——→价廉的，便宜的，划算的

不记得——→忘记了

省略“也就是……”这样的表达法。比如，不要说“我们的年度报告，也就是上个月发布的年度报告，说明了……”

你应该这样说：“我们上个月发布的年度报告说明了……”

4. 开门见山，不要拐弯抹角

我不知道大家喜欢怎样的说话方式，但就我个人而言，我很讨厌对方明明心里想着“糟糕得很”“水平欠佳”“令人大失所望”这些话语的时候，嘴上却说“不算太差”“本可以做得更好”这类无力的语言。如果你想要拥有一种专业的、能够体现出自信的言谈方式，就请直截了当地说出心中所想吧。

5. 避免口头禅

口头禅指的是那些在交谈中频繁出现的单词或短语，诸如“嗯”“你知道吗”“好吗”“是的”“你知道我在说什么吗”“嗯哼”“好比说”。这类没有实意的词汇不断在听话者的耳边回响，却无法引起对方对你所说话语的回应。可能你能得到的回应就是“是的，我知道你在说什么”或者“好的！”之类。避免使用口头禅可以使你的语言风格更加简练，同时鼓励听话者将更多的注意力放在你说话的内容上。

磨练你的说话方式可以让你得到听话者的更多关注和理解，而使用强而有力的词汇可以帮助你进一步扩大自己语言的影响力。

7种方法帮助你扩充词汇量并更加有效地使用词汇

> “比起那些‘生造之词’，我们一定可以找到一个更好的词语。为什么不使用‘普通词语’呢？”
>
> ——温斯顿·丘吉尔（1874—1965），英国政治家

在谈到有关词汇的问题时，美国幽默作家詹姆斯·瑟伯喜欢引用这样一个小故事。“我以前住院的时候，”瑟伯说道，“曾这样问过一名护士，‘哪一个由七个字母组成的单词包含有三个‘*u*’？’，护士想了

一会，笑着说道，‘我不知道，但那一定是一个非常特别的（*unusual*）单词。”

强而有力的词汇可以使你在会议、演说或采访期间的反应更加敏捷。然而，想让你的客户、主管或潜在的雇主对你留下好印象，你要做的不是在遣词造句上出什么新花招，而是选择合适的词汇。

记住，根据谈话的对象选择合适的词汇。比如说，当你与计算机工程师、制造主管或销售人员打交道时，尽可能多使用一些对方行业的相关词汇，可以给对方留下更加深刻的印象。

以下几种方法可以帮助你快速建立起一个强而有力的词汇库，以便你同任何对象在任何时候、任何场合交谈时，都能找到合适的词汇来表达自己的想法。

1. 仔细倾听你的同事使用的词汇

不要故意无视你感觉陌生的词汇，你要做的应该是根据它们的用法推测其含义。如果你还是不太确定，可以向对方提问，“你刚刚说的……是什么意思？”

2. 阅读行业杂志

就你自己和你的客户感兴趣的话题翻看相关的报纸、杂志和书籍。围绕某一主题，你读的内容越多，词汇量扩充的速度就越快，你在和他人交谈时也会更加游刃有余。

3. 学习行业语言

如果你对某一业务或行业不太熟悉，请多多阅读业内杂志，学习其行业语言。

4. 对于不熟悉的词汇及时查阅词典

准备一本个人词典放在手边，遇到不熟悉的词汇就立即翻阅词典。

勾出查阅过的词汇，以便下次看见时复习其含义。

5. 建立词汇日志

建立专门的词汇日志记录新词，以便经常翻看。

6. 运用帮助你积累词汇的辅助材料

使用“每天学习新单词”这类日历表或其他扩充词汇量的书籍、录音带、视频等辅助材料，多多关注那些你认为有用的词汇。

7. 每天应用你记住的新单词

在你每日的面谈、打电话、发电邮、写备忘录和信件的过程中应用你学习到的单词。也就是说，在每一次交谈和书写文书的过程中扩大你的词汇量。

记住，如果你能正确运用“对方的语言”，并流利地遣词造句，那么你的客户或同事一定会对你青眼有加。现在我们已经解决了“说什么”的问题，下面再来看看该“怎么说”。在这一环节里，身体语言起到了至关重要的作用。

P–O–I–S–E–D

（泰然自若：身体语言会传达自信有力的非语言信号）

P = Position yourself（找准位置）

O = Open stance（开放式站位）

I = Interact immediately（及时互动）

S = Shake hands（握手）

E = Eye contact（眼神交流）

举手投足散发镇定与自信的气场

"于我而言，运用语言的最佳手段就是保持沉默。"

——罗伯特·本奇利（1889—1945），美国幽默作家

在1992年美国时任总统乔治·赫伯特·布什与其挑战者——民主党成员比尔·克林顿的电视竞选辩论中，你注意到了那具有决定性的一刻吗？电视镜头捕捉到了总统老布什焦虑不安地低头扫了一眼自己手表的画面。很多政治分析人士仍然认为这短暂的几秒钟就是造成老布什此次竞选失利的原因之一。

身体语言，或非语言交际在他人解读你传达的信息与估测你的能力方面总是起到至关重要的作用。有效的肢体语言，如频繁的眼神交流、微笑、握手、笔直地坐下或站立时双手自然置于身体两侧等，都会向对方传达自信的信号，同时让对方乐于与你交流。

相反地，拨弄头发、摆弄手中的笔、双手交叉置于胸前、嚼口香糖、一副没精打采的样子、开会时坐在桌子最远的那一端或者默不作声地避免各种眼神交流都说明你感到十分紧张，并且心不在焉，最糟糕的是，这会让他人感到你非常缺乏自信。

为了增强身体语言的表现力，请遵循我们上面提到的*P-O-I-S-E*五句口诀，其中每一个字母都代表着一种身体语言，可以让对方感受到你的泰然自若和胸有成竹。

P = Position yourself（找准位置）

当你置身于会议室中等待会议开始时，你的身体语言会向你周围所有的人，而不仅仅是与你交谈的人，传达有关你的信号。这时，你选择站在哪里或坐在哪里以及与他人的相对位置都可以有助于提升你的形象。

如果你想要被他人注意到，那么就选择站在或坐在这一群人中影响力较大的同事或客户身边，并参与他们的谈话。研究表明，领导们在开会时通常更喜欢坐在桌子正前方或桌角处，因此，你坐的位置离这些地方越近，你的权威和自信就会体现得更加明显。

注意，不要站在与你正在交谈的人过远或过近的地方。如果你与一位新认识的商务人员站得太近，那么对方就会感到不适，甚至产生胁迫感。然而如果你离得太远，对方就会怀疑你并不是诚心合作，甚至是断然拒绝与他合作。

你要知道，在一小群人共处时，美国人认为相互距离 0.6~0.9 米是谈话的合适距离。在一大群人共处时，相距三到四英尺则是合适的距离。记住，在不同的文化中这种“舒适距离”也有所不同，因此，你必须视你的具体谈话对象调整合适的谈话距离。

O = Open stance（开放式站位）

开放式站位指的是双手不交叉、自然置于身体两侧的状态。双手交叉是人们经常会做的错误的身体语言。双手交叉时，他人会认为你是一个心态保守、防御心理强、做事刻板的人，这种身体语言很难给你的客户、同事或公司主管留下什么好印象。

这时你可能会说：“但是双手交叉时我感到很自在啊，另外，我也不知道到底该把手放在哪里。”

尽管双手交叉会让你感到舒适，但是对于你周围的人来说，这反而会让他们误以为你感到不自在，所以还是老老实实地放下你的双手吧。那么你可以将双手放在什么位置呢？交叠置于膝盖上或身前都可以，你可以随时做些笔记，也可以运用手势强调你说话的重点。

I = Interact immediately（及时互动）

我建议那些参加我的谈话研讨会的人员，让他们平时在会议开始之前就与他们的同事和客户进行交流，不然的话，这种会场上的沉默很有可能带来严重的后果。你保持沉默的时间越长，他人就会感到越发不适。及时互动可以展现出你自信，让他人知道你是愿意与人交流的。另外，它还会将你塑造成会场上的“具有影响力的人士”，使你成为联系与会人员的纽带。

很多新雇员在工作时总是避免临时加入其他同事的谈话当中，这是因为他们觉得自己的行为可能会显得冒失，或者害怕自己挤不进同事们的“小团体”。在这种情况下，你可以通过鼓励这些新来的员工加入你们的谈话彰显自己的自信与专业。

首先，通过身体语言传达出友好的信号。进行眼神交流、面带微笑、不要双手交叉、将身体转向那个你认为想要加入你们谈话的新员工。接着，给你们的谈话圈子留一个缺口，好让对方可以轻松地加入进来，和你们站在一起。你甚至可以友好地招招手或点头示意，告诉对方，“过来我们一起聊天吧。”当对方过来的时候，记着要向其他同事介绍一下这位初来乍到的新员工。

S = Shake hands（握手）

握手是一种古老的仪式，可以追溯到古罗马时期。在那个年代，握手表示双方手里都没有携带任何武器。如今，握手已经成为商务会面时的礼节性动作，更重要的是，异性之间的有力的握手可以表现出互敬、自信与专业。

然而，关于在握手时哪一方（男士或女士）先伸手，仍然没有定论。我总会听到人们引用礼仪专家艾米莉·波斯特的规则：“男士应该等待女士先伸出手。”没错，但那是五十年之前的惯例了，放在今天，尤其是商业世界中，这种观念早已过时了。

令人更加疑惑的是，很多女士会等待男士先伸出手。如果双方都不伸手的话，那么气氛就会变得尴尬了。因此，我建议无论是男士还是女士，在社交场合或商务场合中见面的时候，都要大方地先伸出手。

E = Eye contact（眼神交流）

长时间的目光接触可以表现出你的兴趣，并鼓励他人与你交流，最重要的是，可以表现出你在仔细倾听。避免目光接触、眼神注视其他方向或短暂地闭眼都会给对方留下负面印象。

对很多人来说，眼神交流是最难掌握的身体语言。如果你觉得和他人进行眼神交流让你感到不适，以下几条小贴士可以帮助你：

- 进行眼神交流并不意味着要一直死死地盯着对方的瞳孔。你只需在说话和倾听时看着对方的整张脸就可以了。
- 你在谈话时可以偶尔将眼神游离到其他方向，过一会儿再聚焦到对方身上，并面带微笑。
- 当你在和一小群人交谈时不要只将注意力放在某一个人身上，确保与每一个参与对话的人进行充分的眼神交流。

当你掌握以上五种身体语言，即找准位置、开放式站立以及互动、握手及眼神交流时，人们就会在与你交流时感到更加轻松自在。另外，摆出一个自信的姿势也会让你自己感到更加胸有成竹。

现在，你已经了解了如何协调地运用自己的口头语言和身体语言，但是你要传达怎样的信息才能让他人喜欢你并且尊重你呢?

让同事喜欢你并尊重你的 4 种方式

> “成为受人欢迎的人是很重要的一件事。否则，人们就有可能不喜欢你了。”
>
> ——米米·庞德，美国作家

尽管好莱坞电影制片人路易斯·B·迈耶本人并不受其他电影人的喜

爱，但在他逝世时仍有数百人参加了他的葬礼。他那同样不受人们欢迎的拍档塞缪尔·戈尔德温解释了到场人数如此之多的原因：“这么多人参加他的葬礼就是为了亲眼确认一下他真的已经死了。”

每个人都想得到同辈人的尊敬，但是具体该怎样做呢？《人性的弱点：如何赢得朋友并影响他人》一书的作者戴尔·卡耐基提出了这样的建议，“先让他人感觉良好，然后他们就会对你产生好感。”

得到同事的尊重和赢得一场“最受欢迎者大赛”并不是一码事。要想取得同事长久的尊重，你必须要出色地完成自己分内的工作。遵循以下几条小贴士，你的同事很快就会喜欢上你并且尊重你。

- 给予所有人同样的尊重
- 表现出自己的工作实力，但是不能自负
- 找到他人的闪光点并就此赞扬他人
- 发自内心地对他人投入热情

> “讷于言辞，诸事不成。”
>
> ——谚语

想要进行高效的交流，就要清楚地表达自己的想法，删去自己的词汇库中那些缺乏说服力的字眼和口头禅，多多使用对方的行业语言。扩充你的词汇量并使用合适的身体语言体现出你的气场、自信与实力。

第二章

建立并管理一支成功的工作团队

“观察能让你学到很多东西。”

——尤吉·贝拉（1925—　），纽约扬基队捕手、总教练

本章学习要点：

·面试未来团队成员时需要提出的3类问题·分配任务时需要提出的3个问题·提高积极性和工作业绩的4种回复技巧·成为更具魅力的团队领导的20种方法

在德怀特·D·艾森豪威尔总统的第一届任期内，他任命亚瑟·伯恩斯为经济顾问委员会主席。在他们第一次开会的时候，两人一致认为可以用备忘录作为沟通的方式。艾森豪威尔说道：“亚瑟，备忘录要写的短一点，我认识的字不多。”伯恩斯回答道：“总统先生，我们以后的相处一定会非常愉快。我会写的字也不多。”

面试未来团队成员时需要提出的3类问题

> “千万不要雇用那些对于自己被雇来是做什么的还不如你清楚的人。”
>
> ——迈尔康·福布斯（1919—1990），美国出版商

为你的团队找到合适的人选是一项艰巨的任务。你的团队需要什么？从哪里招募新成员？他们拥有怎样的需求，又掌握了哪些技术？这些新人能够和老员工融洽相处吗？在他们真正能够独立操作之前，你还要手把手地带领他们多长时间？他们会轻松融入到团队的工作氛围之中，还是会在个性的驱使下与你安排好的计划背道而驰？

想要在新员工加入你的团队之前就了解上述问题的答案可能性并不大，但是你可以通过提出以下几种类型的问题了解这位应聘者的工作风格。

问题类型1：难题解决类

你可以通过根据实际情况或假设提出一些难题解决类的问题了解这位潜在队员是如何：

- 接收问题
- 在压力下思考
- 倾听细节
- 认清所有情况
- 收集数据
- 加工信息
- 制定难题解决方案

下面是难题解决类问题或具体情境类问题的几个例子，你可以在面试时向对方提出这些问题。

“问题就是这样，另外还有一些相关的事实。依你之见，你会采用什么策略解决这一难题？”

“你的主管暂时没空，但是客户告诉你他现在就要得到答复，在这样的情境中你该怎么做？”

“你将如何应对……这样的紧急事件？”

“你将如何与一个……（样的）同事相处？”

问题类型 2：行为类

行为类问题可以让对方描述自己在特定的情形下是如何应对挑战并达成目标的。了解对方曾经的应对之道可以帮助你确定对方在将来可能发生的类似情形中的处理方式。通过提出行为类问题，你可以了解对方的以下情况：

- 职业培训与工作经验
- 掌握的技能
- 个人品质
- 成败或得失经历
- 对于行业问题的了解
- 专业程度

下面是行为类问题的几个例子：

“告诉我你在过去的工作中某次应对一位怒气冲冲的客户或同事的经历。”

“描述一下你在过去的工作中某次有问题亟待解决的场景。”

“描述一下你在过去的工作中是如何解决与上司做出结论不一致的问题。”

“告诉我你是如何应对工作中遇到的重大挫折的。”

“给我一个具体的例子，说明自己是如何在压力下解决难题的。”

问题类型3：工作风格类

你清楚地知道性格冲突和迥异的工作风格会削弱团队的士气，降低工作效率。对潜在团队成员个人工作风格进行提问会让你洞悉对方在与他人共事时的优缺点。以下问题可以帮助你确定对方是否与你的管理风格与团队工作风格兼容。较大的团队通常会分为数个小组，因此团队成员需要学会融洽相处。通过就工作风格进行提问，你可以了解对方的以下情况：

- 是否偏向于在较大团队或较小团队里工作
- 与主管人员的互动风格
- 喜欢正式的还是较随意的交流方式
- 对拍档的选择
- 将工作置于首位的能力
- 是否愿意请求他人帮助

下面是有关工作风格的提问：

“你是愿意自己单干还是进行团队合作？”

“你最喜欢和什么样的人共事？”

“你喜欢正式的工作关系还是较随意的工作关系？”

现在你已经整合好了你的工作团队，下一步就是选择需要优先完成的任务，并将其分配给各个成员。

分配任务时需要提出的3个问题

为了有效地分配任务，你应该向你的团队成员提出以下问题：

1. “这项新任务会让你无法按时完成手头上的其他任务吗？”

如果答案是肯定的，那么你就要决定到底是给予对方更多时间完成任务还是帮助其完成任务。一味地增加任务却不做出必要的调整只会让你的员工精神紧张，产生逆反心理。

2.“你对我交代给你的任务以及任务完成的时间还有什么疑问吗？”

显然，制定工作目标以及进度表会收到具体的成效。在分配任务时，就你的想法提出一些具体例子或明确要求。记住一定要问对方，“我刚才说的要求你都听明白了吗？”以及“考虑到你还有其他的工作安排，我制定的这个进度表对你来说合适吗？”

3. “完成这项任务你需要些什么吗？我可以为你提供什么帮助来让你按时完成工作吗？”

一定要确保你的同事拥有必要的工具、资源和充足的时间来完成他们的任务。否则的话，他们几乎没有可能保质保量地按时完成工作。记住适当地表达自己的感谢之情。比如，你可以说，“谢谢，我真的很感谢你接下了这项任务。”

现在你的团队已经开始积极投身工作了，你要做的就是保持他们的积极性并适时调整他们的工作方向。你知道该怎样运用适当的赞扬来帮助你做到上述两点吗？

提高积极性和工作业绩的 4 种回复技巧

> “我乐意接受别人的批评，并把它们看成不恰当的表扬。”
>
> ——诺埃尔·考沃德（1899—1973），英国演员、剧作家

最近，我问一位生产经理为什么他只会批评员工的工作。他回答道，

“我接受的培训只教会我怎样发现工作中的错误，所以我只关注这一点，那就是挑员工的错。”

我接着问：“那你的员工也做了很多无可挑剔的工作，不是吗？你是不是也该单独提出来表扬一下啊？”他又回答道：“那倒不会，他们本来就应该做到无可挑剔，因为这就是他们的本职工作嘛！”

有能力的员工都希望自己做的工作无可挑剔，符合老板的预期。但是我们仍然提倡对认真完成工作的人予以表扬。使用以下几种回复技巧，你将会收到更佳效果。

回复技巧 1：具体工作具体夸奖

只说“做得好！”是不够的，你应该就具体的任务再多说几句，“我很欣赏你……的方式，我认为这会解决我们在……方面的问题。”

回复技巧 2：问对方，“你具体是怎么操作的？”

这种管理技巧是让反馈良好的工作人员说明自己是通过怎样的步骤和程序才收到了这样令人满意的结果。这样做可以给对方一个表现自己的机会。此外，你们双方都能够确定这一有效的处理程序，以便在下次工作时采用。你可以说：“告诉我你是怎样做到现在的结果的。”在对方解释后，你可以这样说：“我希望你可以继续保持下去。”如果其他的员工也可以从中受到启发，那么你就说：“我想把你的工作方法告诉丹尼和比尔，这或许对他们也有帮助。”

回复技巧 3：提出确切的批评，但不能过于严厉

就正面的反馈而言，提出具有建设性意义批评的关键就在于批评的问题一定要确切。然而，大多数人对他人的批评都很敏感，因此你在发表意见时一定要注意方式方法。在既成的标准或目标的基础上提出批评意见，千万不要贬低对方的人格。当你对对方的工作结果感到不满意时，你可以使用以下几种委婉的说法：

不恰当的言辞	恰当的言辞
“这完全是错误的。”	“这里还需要改进。”
“你总是在按照自己的路子完成工作。”	“我认为我们已经达成一致意见……”
“你聋了吗？”	“请认真听我说。”
“这工作你做不了。”	“我觉得你需要一些帮助。”
“早知道我就自己做了。”	“要是我的话，我可能会这样做……”

千万不要作出以下模棱两可的评价：

“我不知道，但我就是不喜欢。”
“等我亲眼看到我就清楚了。”
“这简直糟透了！”

回复技巧 4：让对方说明一下他（她）的工作方法，然后再讨论是哪个环节出了问题才导致了不尽如人意的结果

“显然我们在哪个环节出了问题，告诉我你做了哪些工作，这样我们就能找到问题所在了。”

注意听一下问题：

- 指导工作做得不够
- 错误的假设
- 误解
- 信息丢失或信息错误
- 缺乏必要的培训
- 缺乏支持
- 设备仪器出了故障

然后再说：

“在你说了这么多问题后，我认为你需要（做）……，你觉得呢？”

另外，如果错误或疏忽的原因在于你，那么你也要做好准备承担起相应的责任。你可以说：

“既然你已经解释了你所做的工作，我也认识到了问题所在。对不起，是我出了错。我还以为你早就知道……”

“你手头上的信息有误，那就是我的错了。下次我一定会在分配任务之前就向你提供一切必要的信息。”

来自于建设性反馈的后续改进工作

通过在团队项目中启动“后续改进工作”可以为大家提供查找错误、避免潜在问题发生的机会。诚然，工作中的问题是无法杜绝的，但是使用这种具有建设性意义的提出批评并取得反馈的做法会让你的团队工作更上一层楼。

现在你已经知道了怎样建立并维持一个能够顺利运转的团队，但你将如何保证团队成员忠于职守、服从领导，又该如何提升自己的领导魅力呢?

成为更具魅力的团队领导的20种方法

“老年人什么都相信；中年人什么都怀疑；青年人什么都知道。”

——奥斯卡·王尔德（1854—1900），爱尔兰出生的英国剧作家

管理不同年龄段的人

《管理不同年龄段的人：如何让年轻人才发挥出最佳实力》一书的作者布鲁斯·塔尔干就如何提高不同年龄段的工作者共事的效率向全球各地的商界领导提出了建议。

塔尔干指出，如今快节奏、多变化的职场环境是年轻工作者和年长工作者之间产生冲突的一大主要原因。他说道："工作者的年龄越大，就越不喜欢这种快速的变化。反之，工作者的年龄越小，就越欣赏这种变化，同时也希望自己能够加速这种变化的发生。"

有些年长的工作者认为年轻的管理人员资历尚浅，难以主持大局，塔尔干对持这种观念的工作者这样说道："今天，管理人员了解多少东西并不重要，重要的是他（她）能否快速地学习新知识并分配任务。对于一个领导者来说，可能其核心价值并不是丰富的经验，而是事业上的雄心、紧迫感和迅速应变的能力。"

有些年轻工作者也认为年长者总是固执旧法、一成不变，对此塔尔干说道："在学习的过程中，有一样东西不是你心急就能得到的，那就是智慧。年长的工作者目睹了年轻人在工作过程中经历的浮浮沉沉。他们看得多、做得多，自然也懂得多。"

最后，到底什么才是让不同年龄段的工作者提高团队工作效率的法宝呢？布鲁斯·塔尔干指出，"毫无疑问，法宝就是相互之间耐心倾听、虚心请教。"

关于海军上将切斯特·尼米兹和道格拉斯·麦克阿瑟将军有这样一个老笑话：两人因故坠入大海，所幸抓住了一块船体的残骸，这才得以在海上漂浮。尼米兹坦白道："还好我的下属看不到我现在这副样子，他们还不知道我不会游泳呢。"麦克阿瑟不甘示弱："还好我的下属也看不到我现在的样子，他们还不知道我不会水上漂呢。"

你知道为什么很多活力四射的人一踏进会议室，众人的目光就统统被吸引了过去吗？因为这些成功的领导者拥有自己独特的风格，他们总是散发出自信的光芒和非凡的领导魅力——这些神秘的力量会在不知不觉中俘获他人。你可以和那些著名的商界人士、演员、模特、政治家和运动员一样，使自己成为具有领导魅力的人。下面的方法可以帮助你做到这一点：

1. 将你的长远打算或目标告诉你的团队成员。
2. 以积极乐观的情绪面对危机，用温暖人心的微笑点亮悲观主义者的世界。
3. 坚守信念，持之以恒为之努力。
4. 鼓励他人认同你的想法，以此得到他人的支持。
5. 将你的想法或概念浓缩为一个简单好记的信息。
6. 从“全局”角度出发，传达你的核心观点。
7. 向他人展示与你共事会给他们带来怎样的益处，以此激励人心。
8. 积极活跃地发言，并运用手势增强表现力。
9. 用激动人心的词汇增强发言的感染力。
10. 控制你说话的嗓音，不可过于柔和或过于强势。知道在何种场合或何种时机应该采取怎样的说话方式。
11. 别人说了笑话，即使不好笑也一定要发笑，不能冷场。
12. 认真工作，但别太把自己当盘菜。
13. 通过说话的语调和身体语言展现自信。
14. 游走于众人之间时，一定要抱着向他人打招呼并尽可能多地结识他人的目的。
15. 主动在即将到来的会议或场合中发言。
16. 让他人知道你能与他们的想法及目标产生共鸣。
17. 占据领导者的位置，让他人从情感上认同你的想法及目标。
18. 机会来临时，乘势主持团队的讨论活动。
19. 享受成为众人关注的焦点的感觉。
20. 勇于冒险，甘于服务。

“如果你想要了解一个人，就得多听听他（她）的话。”

——谚语

建立并管理一支成功的工作团队需要合理规划、明确目标和正确用人。在你的团队一切准备就绪之后，你应该继续激励各个成员，并不断改进、适时调整团队的工作。现在的你已经知道了成为领导者必备的素质，当你表现出对团队和自己的信任时，你的员工自然会尊敬你、跟随你。

第三章

像外交官一样处理员工矛盾

“外交就是让他人按你的方法行事的艺术。”

——丹尼尔·维拉（1880—1956），加拿大外交家

本章学习要点：

·让自己在激烈的争论中快速冷静下来的3种方法·为解决同事之争，你可以做的10件事·平息下属怒气的8个步骤·勾销往事、提升士气的4条建议

林肯总统的战争部长埃德温·斯坦顿看不惯某将军的所作所为，于是写了一封言辞激烈，甚至不乏诅咒侮辱之言的信准备寄给他。在信寄出去之前，斯坦顿向林肯总统读完了信上的内容，总统遂鼓掌，称赞其语言犀利，但接着他又说道：“你不会真的想把这封信寄出去的，还是把它放在炉子里烧了吧，想当初我也是这样处理自己在怒气冲冲的时候写下的信。你的信写得很好，我相信你在写信的时候一定感觉十分畅快。现在就把信烧了，再重写一封吧。”

和上面所说的故事一样，如今的管理人员一定要注意与下属交流时的用词。即使是经验丰富的主管也不得不承认，他们工作中的大部分时间都花在了处理“人际问题”上面。

如果你是一名主管人员，那么有效处理员工问题会让大家更加信赖你。然而，如果你忽视了员工之间的矛盾冲突，那么你所有的团队成员都会遭殃。

让自己在激烈的争论中快速冷静下来的 3 种方法

> “很多人都看好比利·马丁，因为他刚击败所有对手。”
>
> ——吉姆·布顿，扬基队投手

1975 年到 1988 年期间，棒球队经理比利·马丁被扬基队的老板乔治·史坦布莱纳前前后后聘用又解雇了整整五次。马丁一直以他的火爆脾气和在赛场上的搞怪动作而闻名。你会看到他在赛场上冲裁判大吼大叫，飞起一脚将尘土踢到裁判的身上，甚至和他自己的队员扭打起来。尽管和马丁共事并不是什么轻松愉快的事，但他仍被公认为棒球队有史以来的最佳经理人之一。

很多在工作中表现突出的人才都不是那么好相处。在矛盾出现之际，你一定要保持冷静。当你与某位团队成员面对面激烈交锋的时候，请使用以下三种缓和技巧，保持镇定自若的状态。

1. 深呼吸几次，沉默 10 秒钟

深呼吸有助于减少压力，而保持沉默可以防止你说出事后让自己后悔的话。利用这一小段时间考虑自己接下来该说什么话，并设想一下对方会如何反应。如果你预见到自己的话可能会产生负面作用，那么请保持沉默，直到你能想出更适合的说法。

2. 及时喊停

在你和对方的情绪即将爆发之际暂停这次激烈的讨论。出去走走可以避免双方说出让自己追悔莫及的话。你要镇定地提出建议："我认为我们都应该暂停一会，休息五分钟，冷静一下。"然后各自出去透透气，但是千万别出了门就忘了回来。

3. 告诉自己："冷静，冷静，再冷静。"

当你身处于激烈的讨论时，你有没有问过自己，"我又说错话了么？"如果你心里不停地出现这样反诘的自我对话，你就开始分析自己听到的话语了。保持冷静，不要进行消极的自我暗示，而是将其转换成简单、积极的信息。当你下一次与某成员争执不下的时候，就在心里默念："冷静，冷静，再冷静，我能处理好的。"你会惊奇地发现这句话能够有效地帮助你及时控制情绪，不让双方的口舌之争升级为一场大战。

为解决同事之争，你可以做的 10 件事

> "如果你无法回应对方的论点，这并不意味着你就无计可施了；你还可以狠狠地骂他。"
>
> ——阿尔伯特·哈伯德（1856—1915），美国出版商、作家

员工之间发生点口舌之争，比如争抢着先用打印机或在员工会议上就某事争辩，都是很常见的事，但如果你放任不管的话，那么这些争执就会造成同事关系紧张的局面。同事之间的斗争会让所有人的工作环境充满敌意，而主管人员的任务就是制止这一争端。下面是你在停战调解时应该注意的事项。你必须立场坚定，不能偏向于某一方。

1. 以权威的身份说话，不能偏向于某一方

你可以说："我不会偏袒任何一方，也不会责怪任何一方。"

2. 语气坚定、开门见山地让他们停止争执

你可以说："我要你们立即停止争吵，因为这样吵下去你们就不会安心工作。我不需要你们欣赏对方，更不需要你们成为好朋友，但是如果你们还想继续在这里工作的话，就必须要学会和睦相处。"

3. 告诉他们其行为已经影响到了其他人，你不会坐视不管

你可以说："你们俩在会议上争吵就是在浪费所有人的时间，我不会允许这种情况再次发生。"

4. 明确指出你看不惯的行为

你可以说："在职工大会上，我不会容忍任何人侮辱谩骂、争执吵闹以及嘲讽他人。"

5. 为他人提供其他表达意见的方式

你可以说："如果你不同意对方说的话，就把自己的意见写下来交给我，由我来判断。"

6. 强调你的态度是严肃的，而且拥有上级领导的支持

你可以说："我们的公司制度明确表明不允许任何谩骂、威胁他人或制造敌意的情况出现。我现在要说的是，如果你们不冷静下来的话，我会将你们的不良表现记录到你们的个人档案中去。"

7. 要求双方相互妥协

你可以说："只要你们愿意妥协，我可以就你们的不同意见进行调解。"

8. 如果可能的话，将他们尽可能隔离开来

你可以说："为了让你们冷静下来，我会把你们分配到不同的区域。"

9. 安排一次三方会议

你可以说："你们有几天的时间考虑我说过的话。然后我将在同一时间和你们会面并讨论你们争执的话题。会议的目的是为了促进你们的工作关系。"

10. 要求双方同意"停战"

你可以说："在你们回去工作之前，我现在就要知道，你们愿不愿意停战？"

如果双方都不愿"停战"，你就要向人力资源部、公司政策部门或上级主管咨询如何采取进一步行动。

解决同事之争可能不易，但会对与你共事的所有员工有益。另外，你的努力也会向团队其他成员传递这样一个信号，那就是你的团队绝不容忍任何人际矛盾问题的出现。

平息下属怒气的 8 个步骤

> "忍一怒，长一智。"
>
> ——谚语

澳大利亚出生的鲁道夫·宾（1902—1997）十分怀念他在纽约大都会歌剧院担任总经理的那 22 年时光。然而，在和歌剧院工会进行劳资协商时，他又不得不面对和对方歇斯底里的争吵，这让他倍感厌恶。某次协商时，宾倚着桌子，对其中一位唾沫横飞的工会成员说道："很抱歉，

我刚刚没听清楚。你能再喊一次给我听吗？”

有些愤怒的员工会大声咒骂、不停抱怨，或者拍桌子扬言要辞职。而另外一些人总是是生闷气，不好好干活，动辄挖苦讽刺或冷落他人，以此来表达心中不满。无论出现哪种情况，都是你该采取行动的时候了。与员工的互动越多，你就能越早洞察其不合理的行径。《管理学报》的资料显示，员工通常用以下几种行为表达愤怒的情绪：

- 与同事争吵
- 情绪爆发
- 频繁中断工作
- 频繁迟到或缺席
- 粗鲁或不合宜的身体接触
- 隐瞒信息
- 合作进展缓慢
- 散布谣言
- 打扮邋遢
- 目中无人，对他人冷嘲热讽

心理学家将人们在工作中日益滋长的愤懑情绪归结为越来越重的工作负荷、频繁裁员、越来越短的工作完成期限、拥挤的办公室空间、经济不景气等原因。无论冲突的起因是什么，大多数人都认为越早梳理员工的愤怒情绪越好。你能说些或做些什么去平息员工的怒气呢？冲突解决、调解和预防方面的专家建议采取以下步骤：

步骤 1：表示关心

你可以说："有些事我想问一问你。我能和你单独说几句吗？"

告诉某位忿忿不平的员工，自己希望能够找到让其感到不满的原因会带来三个好处。第一，你的举动证明了你对对方感受的关心。第二，谈话有助于建立融洽的关系和相互信任，这正是解决和预防问题的两大关键所在。第三，你的举动传达了这样的信息，那就是你希望对方可以停止这种愤怒的行为。

步骤 2：展开讨论

你可以说："你似乎有什么烦心事，出什么问题了吗？告诉我吧，我一定会保密的。"

不要指望一个气鼓鼓的人会完全对你敞开心扉。对方可能会害怕自己会说出什么得罪你的话或被你抓住把柄。

步骤 3：鼓励对方主动倾诉

你可以说："我知道这件事对你来说可能不好开口，但是我愿意做你的听众，如果可以的话我也乐意帮忙。那就告诉我，你到底有什么烦恼的事？"

如果对方还是避而不谈，你可以退一步说："好吧，你再考虑一两天吧。不过你越早告诉我你不开心的原因，我们就能越快解决这个问题。"

步骤 4：当对方开口时要主动积极地倾听

你可以说："你的意思就是说你……，对不对？"

用自己的话解释对方所说的话，以此表现出你是在认真倾听。这会让对方知道你明白了问题所在，也会稍稍平息对方的怒气。承认对方的情绪和感受通常是解决问题最重要的一个环节。一旦你的员工对你敞开心扉，你就应该做一个认真的听众，了解对方的感受、其陈列出的事实和其言外之意。另外，注意对方的身体语言和说话的语调，因为你可以从中看出某些对方难以启齿的感受。

步骤 5：刨根问底

你可以问，“你说……是不是……的意思？”或者“为什么你会对……有意见呢？”

说话爱拐弯抹角的员工可能会一直避而不谈问题的关键，直到他（她）对你产生足够的信任。做好准备倾听员工对你或其他员工提出的批评和不满，但是不要生气，也不要反驳。你要保持安静，表现出积极的身体语言，如持续的眼神接触、不能把手交叉放在胸前，也不要用手挡着脸，这样才能体现出你在仔细聆听并虚心接受。

步骤 6：该道歉时就道歉

你可以说，“很抱歉我说的话让你有那样的感觉。不过我保证我是无心伤害你的。”或者“我对……感到抱歉。”

一个简单的道歉可以创造奇迹，特别是当对方平时对工作就很满意时。举个例子，几年前我在一家大型出版公司做高级编辑，在编辑会议的讨论进行了五分钟的时候，我的老板冲我大喊了一声，“闭嘴！”

就在他喊了这么一声之后，我在接下来的会议中一直一言不发。我感到又气愤又尴尬，他怎么可以这样对我说话。会议结束后，他从后面赶上来对我说：“唐，我很抱歉。我刚才有点儿情绪失控，我经常在一些早晨会出现这种状况。”我惊奇地发现自己在听了他的道歉后很快就消气了，我说道：“没关系，我希望你白天的时候好起来。”

步骤 7：告诉对方你愿意帮忙

你可以问对方：“我能帮你做些什么，好让你在这里更舒心吗？”

一旦对方愿意向你诉苦，你就要按照调解的步骤搞清楚对方真正渴望的东西。直接向对方发问是最快获取信息的方法。注意找到自己同意的部分。

你可以说："我同意给你一天休假，作为你加班的补偿。"

能实实在在地为员工排忧解难是平息员工怒气的最佳方法。然而，千万不要做出自己无法或无权兑现的承诺。如果你不同意对方的解决方法，又或是你没有权力帮其解决问题，那你又该怎么办呢？

如果你不同意或者一时不确定如何做出回应，可以先用自己的话解释一下对方的观点，再给自己多一点时间想出一个可以令对方满意的回复。你可以这样说：

"你是……（这么想的），对吗？让我先考虑一下，我会转告老板，过一两天再给你回复。到时候我们再谈。"

如果你对此无能为力或不想答应对方的要求，那么你可以提出另一种选择，并表明你愿意就此进行进一步的详谈。你可以这样说：

"我已经考虑过了你说的话，也和老板商量过了。但我不得不拒绝你的要求，因为……。但我还是愿意……。你可能会觉得我的提议不尽如人意，但那已经是我能做到的极限了。如果你有了其他的解决办法就告诉我。我很愿意和你一起讨论。我希望你能在这开心地工作。"

步骤8：要求对方给予回报

你可以这样说："现在我想要你为我做点什么。下次工作中再出现令你烦恼的问题的时候，你就直接和我说，我们一起想办法，不要把小问题拖成了大问题。"

如果对方仍然怒气未消或拒绝你的提议，那就暂时不要向他（她）施压，指望人家能立刻给你想要的答复。你可以这样说：

"你还是先好好想想我们刚才讨论过的问题吧。过几天我们再聊，看到时候你能不能配合一点。"

后续的工作一定要跟上，让对方知道你是真心实意想解决问题的。

勾销往事、提升士气的 4 条建议

> “上周我去看了精神病医生。我对他说：‘大夫，我总觉得自己是一条狗。’然后大夫就叫我别趴在他的沙发上。”
>
> ——罗德尼·丹杰菲尔德（1921—2004），美国喜剧演员

罗德尼·丹杰菲尔德经常拿自己开涮，说了成千上万个笑话。他开玩笑说：“我备受尊重。我在一家宠物店工作，人们不停地问我到底赚了多少大钱。”

然而，在工作中“不受人尊重”可不是什么笑料。低迷的士气、员工之争、上级的责骂、糟糕的业绩考核和冷不防的裁员——只要摊上其中一件就足以让你的团队成员情绪沮丧。但如果你放任他们的负面情绪不断滋长，那么其他的冲突也会接踵而至！以下几种办法可以帮助你振奋士气，鼓励员工重新投入高效率的工作当中。

建议 1：握手言和

为自己所犯的错误承担责任，同时也原谅团队成员的错误，那么你对良好人际关系的经营就算迈上了正轨。你可以这样说：

> “我认为我们本可以更好地处理这个问题的，但那都过去了。不如忘了那段不愉快的经历，我们一起接手新项目吧。你说呢？”

建议 2：平息对方的怨气

与员工发生冲突可能会导致其自尊心受损。在你期待员工能恢复以往的工作效率之前，你应该适当安抚一下对方的情绪，确保对方知道你

还是很欣赏他们为工作所做的努力的。你可以这样说：

“你知道我认为你的工作能力很强。好了，我们之前的确是出了一点问题，但是现在问题已经解决了，我们就别再纠结过去的事了。现在我想换个新的主题，你对咱们的新项目有什么想法吗？”

建议3：多分配给下属他们喜欢的任务，少分配一些他们不喜欢的任务

提高士气的其中一种方法就是让你的团队成员集中精力完成那些他们感兴趣并享受其中的任务。因此，在你分配任务之前，找出哪些是员工更喜欢的，哪些是他们不喜欢的。另一种方法也可以起到相同的效果，那就是鼓励团队成员之间自愿互换手头上的任务，但是这必须得到你的准许。你可以这样说：

“你要先和我打好招呼。如果你能找到自愿和你调换任务的同事，那就按照你们的意思来吧。”

建议4：打造轻松的氛围，多说多笑，友好待人

冲突会让团队中的每个人处于神经紧绷的状态，如果这时候你还是大发脾气或沉默不语，那你的员工只得战战兢兢，生怕再出一点小问题就会引爆更多冲突。你的团队依赖你的领导，因此，你要迅速重建一个和平友爱的工作氛围。多花点心思，友好地对待每个人，甚至可以开开玩笑，活跃气氛。微笑待人，用轻松的语气告诉你的团队你没有生任何人的气，只是希望大家能够像往常一样工作。不要等到真正的危机出现再告诉你的员工你其实是很在意你们这个团队的。

“好话比冷水更能使人冷静。”

——谚语

像外交官一样管理员工就是尽量避免冲突的发生，并且在冲突已经发生之际迅速平息各方的怒火，安抚各方的情绪。管住嘴巴，不对员工说不该说的话也能让你的员工保持好心情。解决员工之争、平息下属怒火也是对你交际能力的一次检验，如果你能很快处理好员工之间花样百出的矛盾问题，那么所有成员的士气必将大增。

第四章
与难相处的员工和平共处

“我不是在和你争执——我只是在和你说话。”

——詹姆斯·惠斯勒（1834—1903），美国艺术家

本章学习要点：

·有助于解决冲突的 3 大策略·怎样说“我不同意”·怎样避免与难相处的同事发生冲突·帮助你与难相处的同事和平共处的 7 条建议·对难相处的同事说“不”的 10 种礼貌表达法

同事之间的冲突往往只是由意见不一或粗鲁无礼的评论引起的，但如果不加制止，这种小冲突常会愈演愈烈，升级为同事之间的口角，甚至是情绪化的骂战。

如果你能在冲突升级为大战之前及时做出处理，就往往能够成功地解决争端，也不会让自己在众人面前失了风度——或者更糟糕的是，失去了工作。

有助于解决冲突的 3 大策略

> “如果只有一方有错的话，争吵便难以持续。”
>
> ——弗朗索瓦·德·拉罗什富科（1613—1680），法国作家

好莱坞电影制片人塞缪尔·戈尔德温和路易斯·B. 迈耶有过这样一段斗气冤家似的伙伴关系。他们经常争执不下，有时甚至大打出手。有一次在洛杉矶某个乡村俱乐部的衣物间里，争吵之中的迈耶就一把将戈尔德温推进了装脏衣服的洗衣篮里。当时一位目击者便上前问迈耶为什么他这么讨厌自己的搭档。

这位电影大亨一脸诧异地回答道：“你说什么？我们就跟老朋友、亲兄弟一样相亲相爱。我们愿意为对方做任何事。我们甚至还互相帮忙抹脖子呢！”

同戈尔德温和迈耶一样，很多共事的员工都有意见不一的时候。事实上，冲突与摩擦就是人与人共事过程中的一部分。怎样处理与同事意见不合的问题直接决定了你在工作中的成败。以下策略可以帮助你正确应对冲突，维护与同事之间的工作关系。

策略 1：提出建议和对方一起讨论问题

当你和同事走得很近的时候，无论你多么想跳起来指责对方，都一定要时刻控制自己的情绪并管好自己的嘴。尽管你已经怒火中烧，但还是要保持镇定，保证和对方有眼神接触，并以正常的口吻说话。冲对方大喊或两人针锋相对或许会让你暂时好受一点儿，但是逞一时之快只会让情况变得更糟糕。你可以主动采取行动，这样说：

“我们必须要谈一谈在工作中遇到的某些问题。我们在吃中午饭之

前见个面谈几分钟，或者等到下班后把事情解释清楚，怎么样？”

“很显然，我们之间有点问题，但我认为解决这个问题对我们双方都有好处。如果你愿意的话，我很乐意一起讨论一下。”

解决冲突并非难事，如果双方都愿意：

- 耐心倾听他人而不随意打断
- 考虑到双方的想法
- 做出合理的妥协和让步
- 控制情绪爆发，避免人身攻击

在进行谈话之前，你和你的同事都必须先打印遵守以上的基本原则。

策略 2：明确问题所在

了解真正的问题所在——不仅从你自己的角度出发，也要考虑到对方的视角——对解决冲突来说是至关重要的。问问自己这次争执有多少是自己的责任。有的时候，一个欠缺考虑的举动、一句讽刺的话或一个草率的决定都会引发一场不必要的冲突。

首先，引出对方就此问题的看法。仔细倾听，注意不要打断对方或为自己辩解。举个例子，你可以这样说：

“你是怎样看待我们之间的问题的？”

“我的哪些行为让你感到困扰？”

面对批评，你可以这样回应：“我明白问题出在哪儿了。”这相当于认同了对方的观点，接下来要做的就是缓和紧张的局面。在听完对方的话后，你可以说：

“还有别的什么吗？”或者“你能举个具体点的例子吗？”

这样说会鼓励你的同事把话讲得更确切，并直击问题的核心。记住，有些难对付的同事在向你袒露内心的真实想法或告诉你他们的烦心事之前仍会迟疑许久。他们结束发言之后，就轮到你来讲述自己对这个问题的看法了。注意要开门见山，讲究技巧。你可以这样说：

"这就是我对该问题的看法。"

"这就是我对当前形势的看法。"

"你可能不赞同我的观点，但这就是我的见解。"

策略 3：寻求可行的解决办法

要想最大可能地解决与某个难相处的同事之间的矛盾，你就要找到一个双方都接受的解决办法。如果你在提出自己的解决方案之前询问对方的方案，那么他（她）一定会更加心甘情愿地接受你做出的让步。举个例子，你可以这样说：

"那么你认为我们怎样解决问题好呢？"

在对方回答了你的问题后，不要立即作出回应。先静下来考虑一会儿对方所说的话，然后在回应：

"挺有意思的，我会考虑你说的话。"

"我觉得我可以做得到。"

你可以请对方说得详细一些或者提出你认为可行的和解方法。如果你能将自己所有的想法集中到某一个解决方案中，那么你达成和解的概率就会大大增加。举个例子，你可以这样说：

"我有个能让我们双方都满意的主意。"

"我觉得可以把我们俩的主意结合在一起使用。"

不要为了得到对方的承诺而向其施压，也不要强迫对方采纳你的解决方案。你可以这样说：

“你认为这样可以解决我们的问题吗？”

“你有什么要补充的地方吗？”

继续和对方讨论解决方案指导你们达成一致意见，然后向对方重述一遍，请对方给予承诺。

“好的，那么按照我的理解，我们已经说定了……对吗，你确定可以接受了吗？”

“我们已经明确了双方的意思，请再说一遍我们刚才达成的一致意见。”

怎样说“我不同意”

不是每一次的员工冲突都能通过协商解决，因为双方在解决问题或决定冲突的始作俑者在于谁的时候不可能保持高度一致。因此，以下两点对你来说很有意义：

- **倾听是为了理解对方，而不是说服对方**
- **找出对方话语中制造误解的假设情况**

为了表明你愿意接受与你不同的观点，你可以说：

“就算我们不同意彼此的观点，但至少可以平心静气地接受这一事实。”

“我尊重你的看法，但是我不敢苟同。”

你可能无法解决所有的冲突问题，但这三条策略可以帮助你在寻常的误解升级为办公室争斗之前缓和你和同事之间的矛盾。事实上，你可以辨别出哪些同事天生就是那种爱找麻烦的人，并运用策略将你们双方可能发生的冲突扼杀的摇篮里。

怎样避免与难相处的同事发生冲突

林登·贝恩斯·约翰逊总统很喜欢使用打击性的话语，特别是恐吓那些官僚派头十足的官员的时候。一天，约翰逊总统在德州国家青年管理局里遇到了一个浪费纸张的家伙，他故意提高了嗓门说道："我希望你的脑瓜里不会像你的桌子那样乱成一团。"这下整个办公室都听到了他的话，这让对方倍感尴尬。第二天早上，那位被训斥的工作人员把桌子整理了一遍，连一张纸都没有留下。但当约翰逊总统再次经过的时候，他又说道："我希望你的脑瓜里不会像你的桌子那样空无一物。"

和大多数人一样，你的工作环境里也很可能有那么一两个难相处的角色。既然你免不了要和这些动不动就找人麻烦的人共事，那么最好的法子就是搞清楚他们的怪癖，在和他们接触的时候将对你产生的负面影响降至最低。

尽管难相处的人各有各的难相处之处，但是针对他们恼人的行为，我们还是有一个大致的分类和应对策略的。

1. 挡路型

这一类型的同事喜欢咄咄逼人，凡事都要和你唱反调。他们也有自己的工作安排、工作方式和工作目标。由于他们无权指使你做这做那，因此他们的目的就是阻挠你的工作进程。

应对挡路型同事的策略

该做的事：

- 表明不同的意见，但不要争吵
- 告诉对方把自己的批评意见保留到头脑风暴的环节

• 请对方为之前工作中的某个想法提出更多的建设性建议

不该做的事：

• 让挡路者置你于防守位置
• 让对方掌控双方的讨论过程
• 允许对方打断你的工作进程

该对挡路型的同事说些什么

如果对方说："你这样是行不通的。"
你就说："我不那么认为，我觉得行得通。"
如果对方说："这是我听过的最糟糕的主意。"
你就说："那你有何高见？"
如果对方说："你要那么做的话会后悔的。"
你就说："我倒是愿意冒险呢。"

2. 竞争型

这一类型的同事好胜心强，小到聊天，大到开会，凡事都要和你一较高下。他们喜欢通过攻击他人做事不靠谱来嘲笑奚落那些他们眼中的所谓对手。他们主要的目标就是掌控他人，维护自己"第一"的位置。

应对竞争型同事的策略

该做的事：

• 当对方成功时加以祝贺
• 建议双方为了各自的目标一起工作
• 建议在休息时间打一场体育比赛

不该做的事：

• 同意和对方在工作上一较高下

- 和对方暗中较劲
- 达成目标后向对方吹嘘

该对竞争型的同事说些什么

如果对方说："我们来打个赌，看谁这个月的销售量高。"

你就说："这有什么意义呢？我们可是一个团队的。"

如果对方说："说到……我肯定比你强。"

你就说："可能吧。那又怎么样？"

如果对方说："我确定老板更愿意让我负责新账户，你还不够格。"

你就说："我觉得这事儿老板说了算。"

3. 蓄意破坏型

这一类型的同事狡猾奸诈，喜欢暗地里破坏他人的项目和计划、搞砸他人在会议上的表现，从而阻止他人达成目标。他们可能从来没有当面和你唱反调，但是一有机会，他们就会跑来挖你的墙脚。他们会向你提供错误的信息、散布谣言或诋毁你的成就，其目的就是阻止你完成目标。

应对蓄意破坏型同事的策略

该做的事：

- 小心翼翼地与他们接触——对方往往有很强的报复心理
- 促成破坏者挑明对你的隐晦批评。
- 澄清对方对你的造谣抹黑

不该做的事：

- 当众与对方对峙
- 当对方声称自己站在你这边的时候，对对方抱有过高期望
- 放任对方阻止自己达成目标

该对蓄意破坏型同事说些什么

如果对方说："我听说你的项目现在遇到了点麻烦。"

你就说："我要澄清一点，那是没有的事。"

如果对方说："嗯……想法不错。"

你就说："听你的语气好像不太乐观，你对我的想法有什么不满意的地方吗？"

如果对方说："有人认为你的注意糟透了。"

你就说："每个人都有表明自己观点的权力，你认为呢？"

4. 操纵型

操纵狂指的是某些采取消极进攻的同事，他们往往利用他人达到自己的目的。他们通过拉拢奉承其他员工，使其帮助自己完成工作，过后却独享荣誉。与此同时，这些爱搞小动作的人经常会推卸责任、让他人代自己受过。他们的目标就是另外找人替自己完成工作。

应对操纵型同事的策略

该做的事：

- 在操纵狂面前表现出礼貌和专业的态度
- 与对方共同完成任务的时候，明确划分各自的责任范围
- 时刻保持警惕，因为对方就是这样执着地寻找可乘之机

不该做的事：

- 中了对方的圈套，为对方所利用
- 与对方争执
- 默许对方将自己的错误推给他人

该对操纵型同事说些什么

如果对方说："看来你很擅长做……，而我真是太没用了。帮个忙吧，帮我搞定这件事好吗？"

你就说："不好意思，我要赶在最后期限内把手头上的工作做完。"

如果对方说："难道你没觉得弗朗的工作做得很吃力吗？"

你就说："没有啊，我觉得她做得不错，而且我也很喜欢和她一起工作。"

如果对方说："事情搞砸了怪不到我，你应该去找亨利。"

你就说："没有人责怪你，赶紧想办法补救吧。"

5. 定时炸弹型

定时炸弹型指的也是某些采取消极进攻的同事。他们通常沉默不语，但心思阴晴不定，随时会像孩子一样和你大闹情绪。正因如此，你不敢对他们做出过多要求，只要他们在你附近，你就得如履薄冰、小心翼翼。这些"炸弹们"知道，只要将自己"引爆"几次，甚至只要稍微提高音调，你就不敢再叫他们做什么事。他们的目标就是逃避工作和责任，不然就和你大吵大闹。

应对定时炸弹型同事的策略

该做的事：

- 表明自己愿意与一颗"定时炸弹"一起工作
- 和对方共事的时候，要有耐心、讲策略、始终如一
- 在坚守原则和灵活应变之间找到一个平衡点

不该做的事：

- 让对方威胁到你

- 态度强硬或给予对方过多方便
- 还没有想好就破坏承诺或作出决定

该对定时炸弹型同事说些什么

如果对方说："如果我再听到你说那件事，我就要爆发了。"

你就说："你看上去很不安，出什么问题了？"

如果对方说："这摊子烂事让我烦透了。"

你就说："要我帮忙吗？"

如果对方说："你怎么就不能辞职回家呢？"

你就说："不好意思，我不是存心要在这恶心你的。"

6. 社交型

这类消极进攻型的同事总是嘴上说着自己有多忙，但是实际上却总是游手好闲。他们总是和坐在自己身旁的同事说个不停，煲起电话粥来没完没了，就是去倒杯水、打印个材料都能和人聊上半天。他们浪费自己的时间不算，还要浪费其他同事的时间，更糟的是，只要是能听到他们说话的员工都难以静下心来做事。他们的目标就是与人社交，那么工作自然就放到了一边。

应对社交型同事的策略

该做的事：

- 表现得友好，但不要聊太多话
- 请那些说个不停的人放低他们的音量
- 断了他们找其他人闲聊的念头

不该做的事：

- 放任他们与其他员工闲聊，让自己在工作中分心

- 再让他们小声说话时流露出怒色
- 斥责对方游手好闲（这是老板的任务）

该对社交型同事说些什么

如果对方说："你知不知道我刚打听到了有关咱们的新生产经理的什么猛料吗？哇喔！"

你就说："嗯，我听说他的工作能力很强，整个部门的业绩都上去了。"

如果对方说："还记得麦琪吗？哎呀，你绝对不会相信我刚从她那里听到了什么！"

你就说："是的，但我现在很忙。另外，我正想找人帮帮我呢。"

如果对方说："我昨晚在俱乐部里遇见了一个帅哥（美女）。好吧，长话短说，我们刚刚聊了会儿天……"

你就说："不好意思打断一下，我必须要回去工作了。休息的时候或者吃中午饭时再聊吧。"

7. 偷懒型

这类消极进攻型的同事以自己的低效率为傲。他们往往不喜欢自己的工作，只是走个过场，不注重结果如何。他们不会给出任何建议，也不会采取主动，创造的效益回回垫底。对于这样差劲的业绩，他们的说辞花样百出。他们的目标就是在工作中能偷懒就偷懒。

应对偷懒型同事的策略

该做的事：

- 向对方说明他（她）的表现已经影响到了你
- 告诉对方你们为同一个团队效力
- 告诉对方他们的工作也很重要

不该做的事：

- 接受对方令人不满的工作表现
- 接受对方为工作表现差而胡乱找的借口
- 放任对方的不良业绩给团队所做的努力拖后腿

该对偷懒型同事说些什么

如果对方说："没有人在意的。"

你就说："可我在意。"

如果对方说："你看这些设备这么落后，我已经做到最好了。"

你就说："要不你和老板谈谈，重新给你配一台电脑，或者使用别的电脑。"

如果对方说："为什么要找我的麻烦？"

你就说："如果我们要在一起工作，你就得做得更好。"

8. 抱怨型

这类消极进攻型的同事总是抱怨不断，不是这里出了错，就是那里办法不好使。他们总是在同事耳边不停地嘟囔，借此消磨时间。他们只会抱怨这个批评那个，浪费你的时间，却不肯花心思做好他们分内的工作！抱怨型的同事往往会拖他人的后腿，打击对方工作的积极性，大大影响对方的生产效率。

应对抱怨型同事的策略

该做的事：

- 给予抱怨者一定的关注，因为这正是他们渴望得到的东西
- 向对方提供一两个建议（如果他们不肯听你的，你也不用感到诧异）
- 控制听对方抱怨的时间

不该做的事：

- 加入到那些爱抱怨的人的队伍当中
- 掺和对方与其他同事发生的争执
- 你本可以想办法解决某些合理的抱怨或问题，但却没有意识到这一点

该对抱怨型同事说些什么

如果对方说："这工作真没意思。"

你就说："你考虑过调到其他部门吗？"

如果对方说："我总是分到最麻烦的任务。"

你就说："我知道……正在找能做你这份差事的其他同事，我听说他们的工作能力更强，或许是时候进行人事变动了吧。"

如果对方说："我希望这把能赌赢，这样我就不用回到这鬼地方工作了。"

你就说："你还不如直接换个你更合意的工作呢。"

现在你已经掌握了一些辨别和应对难相处的同事的方法，只要你记住那句老话，"尖酸刻薄招人怨，甜言蜜语俘人心"，就可以和那些难相处的同事友好地共处。

帮助你与难相处的同事和平共处的 7 条建议

> "奉承和香烟一样——只要你不吸就没事。"
>
> ——阿德莱·史蒂文森（1900—1965），美国政治家

事实上，你可能想象不到，有时你仅需几句话或几个简单的动作就可以避免和难相处的同事发生冲突。在应对坏脾气的同事时尝试以下建议，然后就等着看会出现怎样积极的效果吧。

建议 1：向帮助过你的同事表达感激之情

建议 2：为对方做些事表示友好

建议 3：表扬对方，认可对方

建议 4：不要吝惜溢美之词

建议 5：和对方聊聊天

建议 6：征求对方的意见或看法

建议 7：紧要关头助对方一臂之力

你会发现，在应对难相处的同事时，你必须有耐心、能容忍、够聪明。但尽管你有各种锦囊妙计，有的时候还是免不了要向对方说一个很重要的字眼——“不”。

对难相处的同事说“不”的 10 种礼貌表达法

> “你知道她会说十八国语言，但就是不会说‘不’字。”
>
> ——多罗茜·帕克（1893—1967），美国幽默家

两位工作人员正在辩论“礼貌对待同事”的做法有何价值。其中一人说：“人人都知道礼貌待人全是空话。”“恩，轮胎里面也全是空气呢，”他的同事回答说，“但它却能让汽车司机平稳舒适地驾驶。”

如果你的员工总是接二连三向你提出请求，你会不会觉得管理员工是一件头疼的事？是时候坚定立场，拒绝对方了。下面列举出十种典型的请求类型和十种礼貌的应对策略，让你可以干干脆脆地说“不”。

1. 如果有人总是要你参与办公室集资购买礼物，你可以这样说：

“没有这个必要，我会送出自己的那份礼品的。”

2. 如果某人向你借钱，说发了工资再还给你，你就可以这样说：

“我的内心告诉我‘借吧借吧’，但我的银行账户却告诉我‘没得借没得借’。”

3. 如果某人请你晚一点下班，你就可以这样说：

“抱歉，我今晚很忙。也许珍妮可以帮你的忙。”

4. 如果某人请你向老板撒一个“善意的谎言”，你就可以这样说：

“这主意糟透了，我不会去说的。”

5. 如果某人想让你代为参加会议或出席活动，你就可以这样说：

“别想了，你是懒成精了还是想我们俩一起下岗？我要答应你我们俩就犯了大错了，这个忙我不能帮。”

6. 如果你团队中的某人请你在老板耳边抱怨另一个同事几句，你可以说：

“不行，我和他又没有过节，我也不想站在谁一边。你们应该自行解决矛盾或者请老板调解。”

7. 如果某人强迫你组织一场办公室派对，你可以说：

“真抱歉，我这会儿太忙了，没法阻止。”

8. 如果某人想约你出去，而你又不想答应对方，你可以说：

“谢谢你的邀请，我还是不去了。”

9. 如果某人想请你给自己的朋友走后门，挤掉另一名能力更强的应聘者，你可以说：

“不行，这是违背职业道德的事。”

10. 如果某人想请你帮忙完成项目，但你实在没有时间，你可以说：

“对不起，我帮不了你。你可以请老板帮忙。”

拒绝同事不合理的请求可能不那么容易，你可以借鉴本章节提供的例子，注意说话时一定要坚定而不失礼貌。记住，你有说“不”的权力。

“关键不只是说什么，而是怎样说。”

——谚语

应对与难相处的同事之间的冲突可谓一大挑战，但是察觉到潜在的冲突并使用正确的策略化解可以帮助你完成这一挑战。记住，怎样拒绝对方或怎样说“不”才能避免冲突，在对付难相处的同事时这一点尤为重要。现在你已经知道在一小群人当中应该怎样说话、解决问题，接下来是该登上舞台，面对更多观众的时候了。

第五章
掌握演讲的艺术

“餐后演讲的长度和女士裙子的长度是一个道理——要覆盖到关键内容，所以不宜过短；也要让他人感到足够有趣，所以不宜过长。”

——R·A·巴特勒（1902—1982），英国政治家

本章学习要点：

·在你演讲之前要回答的6个关键问题·如何构思演讲的开头、中间和结尾·即兴演讲的3大要点·演讲时最常见的5种问题的解决方法

美国前总统罗纳德·里根是一位演讲大师，他尤其擅长向他的民众深入浅出地解释一些问题。举个例子，在他的第一场电视财政预算演说中，他用一把硬币说明了当时美元的价值。连他的民主党竞争对手都对他的表现暗自惊讶不已。有人曾说过：“也只有演员能做好这件事了。换做卡特总统，他可能会讲不清重点；换做福特总统，他的动作不会这样连贯自然，还有可能把硬币掉到地上；换做尼克松总统，他可能顺手就把这钱拿走了。”

你是否因为害怕在人前演讲而错失职业生涯中的重要机遇？你是否因为老板要你在部门会议或销售演示中“说几句话”而紧张得直冒冷汗？你是否在需要立刻回答别人的问题的时候却发现自己头脑一片空白、舌头打结？如果你的答案是“是的”，那么绝对不是你一个人才会如此。事实上，甚至是演讲大师在面向观众演讲时也会有紧张情绪。

无论你是缺乏自信还是缺乏经验，在使用以下演讲技巧之后，你都能做到自信地侃侃而谈。

在你演讲之前要回答的6个关键问题

> “一段讲了十分钟还没能获得成功的演讲到此就该打住了。”
>
> ——路易斯·乃塞尔（1902—1994），美国律师

除非你有自信能够做到即兴演讲，否则就不要等上了台再决定自己该说些什么。这种随意的态度往往会让你东拉西扯、语无伦次地说上一堆，让场面变得十分尴尬。通过回答以下6个问题，你可以使自己的演讲做到重点明确、条理清晰，并以听众作为导向，从而获得成功。另外，你也会成为一名更加自信和专业的演讲者。

1. 你演讲的目的是什么？
2. 你演讲的标题或主题是什么？
3. 你的听众是什么人，他们对你演讲的主题了解多少？
4. 你的听众将怎样从你的演讲中收益？
5. 你的演讲将涵盖哪些要点？
6. 你想让听众在听完演讲后做些什么？

一旦你回答了以上6个问题，你就可以着手准备演讲，构思其开头、中间和结尾。

如何构思演讲的开头、中间和结尾

"从开头开始，一直继续到收尾的部分，并就此打住。"

——路易斯·卡罗尔（1832—1898），英国作家

想一想你看过的所有电影和电视节目、听过的所有的故事、歌曲甚至是演讲，它们都有一个共同点，那就是都是由开头、中间和结尾三部分组成的。如果你设计的演讲内容完整地包括引言或开头部分、陈述信息的中间部分以及总结全文的结尾部分，那么听众自然会认真听你说的每一句话。

开头部分：吸引听众的注意力

如何在演讲开始时用几句话吸引听众的注意力？开始一段演讲的方法有很多。你可以使用以下方式迅速吸引听众的注意力，让他们听你继续讲下去。

• 提出一个可以让听众简单作答的问题或者可以用"是或否"回答的问题

在我的网络研讨会上，我通常以这样的问题打头：

"你是否有过这样的经历，那就是因为和陌生人共处一室举行会议而感到紧张不安？如果你的答案是肯定的，就请举起你的手。"

向听众提出一个容易回答的问题，借此引起对方的注意，并为你接下来要讲的内容埋下伏笔。通过请听众"举手"，你可以很快与其建立联系，并一眼看出有多少人在认真听你说话。

• 引用骇人的数据或可靠的消息来源以说明某个惊人的趋势

对于那些讲究客观的高管人员或企业主，拿出一些毋庸置疑的事实说明你的观点可以帮助你吸引他们的注意力。举个例子，就保留客户问

题进行的演讲可以这样开头：

“根据《哈佛商业评论》近期刊登的一篇文章，超过半数的顶级销售代表会在离职后将公司最好的客户带到他们下一个岗位中。”

当你引用材料的时候，要确保你说的事实和数字是正确的、有理有据的。没有什么比被人发现捏造统计数据或无法按要求说明引文来源更能损害你的信誉、打击你的自信。

• 分享个人的经历或故事

将自己的亲身经历或某个戏剧性的故事作为演讲的开场内容是吸引听众注意力的绝佳方式。比如说，某人在演讲研讨会上模拟了这样一段在全国销售大会上进行的演讲，他的开头内容是：

“我一生中从未这样害怕过。当飞机从云层中向上爬升时，机身不断地剧烈震动。我咬紧了牙关，希望这样一来我的膝盖就不会打颤了。飞机的舱门打开后，怒号的狂风几乎淹没了教练的声音，我隐约听到他说：‘你准备好了吗？’我还没来得及回答，他就大声喊道：‘快跳！’现在我要问在座的各位，‘你们做好准备跳入一个全新的销售计划中了吗？’在你们回答之前，就直接跳下去吧！”

• 将你演讲的开场与你讲的内容紧密结合起来

开场内容必须与演讲内容紧密相关，这样演讲才能自然地过渡到中间部分。比如说，某急救教练一开始引用了有关心脏病突发的惊人数字，然后说道：

“我今天讲话的目的就是向大家介绍一个人人都能学会的神奇救生术：心肺复苏术，也就是我们常说的CPR。”

中间部分：讲全核心内容

演讲大部分的时间都应该集中在中间部分，确保涵盖足够的可靠信息。提供可靠的信息并不意味着你的讲话就是枯燥乏味的。你可以视准备演讲为做一盘好菜，你的演讲必须要有“好料”，这样听众才会尝到好味道。

比如说，一场工作进度报告一般包含三个主要部分：上个月的销售数据，目前的销售情况和销售目标。为了避免报告变得枯燥乏味，你可以为每一部分配上一个简短的例子，告诉听众“数字背后的故事。”你还可以引用名人名言或幽默轶事强调重点，使你的讲话更加生动活泼。

结尾部分：让听众记住你的结论

确保听众能够记住演讲的结论可以让你和你讲话的内容给他们留下深刻的印象。按照以下三个步骤走，最后以恰当的方式结束你的演讲。

• 第一步：总结要点

“在刚才的几分钟里，我已经和大家讲了三个有关我们部门如何完成季度配额的具体事例。”

• 第二步：请你的听众配合你做些什么

“现在，我想请大家……”

• 第三步：结束演讲

最后，以一个经过精心编排的简短小故事、恰当的小笑话或名人名言进行总结，结束讲话的内容。记住要向听众的参与表示感谢。比如说：

“最后，我想告诉大家……曾说过的一句话（一定要记住或按照稿子读出你引用的名言）。女士们先生们，谢谢你们！”

一场精心准备的演讲会提升你的信用、激发听众对你的信心。但是如果你只有几分钟的时间准备演讲，这时该怎么办呢？

怎样与自己对话是一件至关重要的事

顶尖绩效专家丹·施贤明博士是一位心理学家和催眠大师，他帮助商业人士、专业运动员、奥林匹克运动员、学者和艺术家克服个人障碍并取得成功。

施贤明对他的客户们（其中有些人是财富100强的CEO和顶级销售主管）说："无论你们是商业人士还是运动员，你们怎样和自己对话对于你们能否在各自的领域取得成功都具有重要的意义。时刻留心你的自我对话的方式，避免消极的自我暗示。"

在准备演讲时，你可以怎样运用这种自我对话策略呢？施贤明博士建议你可以问自己以下问题：

"你听到自己在对自己说些什么？"

"是什么引发了你的消极思维，这种思维持续了多久？"

"消极思维是什么时候停止的，以及你是通过何种办法停止了这种思维？"

施贤明博士建议人们摒弃自我对话中的消极思维，以积极的情绪替代之。在和自己对话的过程中，不断向自己重复你希望发生的每一件事（精确到怎样发生）。施贤明博士说道："人们的显意识会按照内心占据主导地位的想法做出行动。"

这是不是意味着你应该不断地对自己说"我知道我能行，我知道我能行，我知道我能行"，就像儿童书籍《小火车做到了》中的主角那样？

施贤明博士认为上述问题的答案是"是的"。

即兴演讲的3大要点

"即兴演讲见诸书面，纯粹多此一举。"

——莱斯利·亨森（1891—1957），演员

当某人对你说，“我们想请你在会上简单说几句”，但是又几乎不给你时间准备的时候，你会不会紧张到腿软？如果你的答案是肯定的，那么先别慌。如果你的即兴演讲能从三大要点出发，就可以给你的听众留下深刻的印象。

要点 1：陈述你的主要观点或发言目的

用主题句直切要点，你可以这样说：

“下面我要和大家说说我们公司保险计划政策的变动和保险费率增加的问题，以及对此我们可以做什么。”

要点 2：拿出最能令人信服的证据或案例

拿出最能令人信服的事实和例证来支持你的主要观点。比如说：

“上个月完成的一项独立审计发现这些增加是有必要的，因为整体医疗成本上升了 10%。”

要点 3：告诉你的听众你需要他们做些什么或根据你的评论做出总结

在给出支持的例证之后立即作出结论。比如说：

“因此，如果你们同意签约最新计划，你们的共付额将会提高 10%，但是你们的收益也会增加。”

罗斯福总统可能已经给出了有关掌握即兴演讲技巧的最佳建议：“真实诚恳、简洁明了、姿态端正”。另外，在讲话的时候，要确保你的声音能够抓住听众的注意力。

演讲时最常见的 5 种问题的解决方法

"他们过去很难对付——他们会把西红柿拴在悠悠球的一端，这样他们就能击中你两次了。"

——鲍勃·霍普（1903—2003），美国喜剧演员

即使是经验丰富的演讲者也知道，演讲的过程往往会由于这样那样的原因而偏离原本的计划。比如说，有人会打断你的讲话或胡乱起哄、麦克风啸叫或者设备出现故障。这些都是演讲过程中可能出现的几种意外情况。

演讲专家也清楚地知道，如果在讲台上出了差错，他们的思维就会被打乱，出现一时语塞甚至情绪失控的情况。这就是为什么他们会准备一套备用方案。以下是影响演讲的几种常见问题以及解决问题的方法。

问题 1：你一时忘记了该说什么，呆住了不知所措

一开始你的演讲进行得很顺利，一切都在你的掌控之下。但是接下来某事让你分了神，你的脑袋便"嗡"的一声一片空白，舌头也开始打结。随着时间一秒一秒地过去，汗水都快顺着你的眉毛滴下来了。你保持沉默的时间越长，就越发感到无所适从。你的听众也察觉到了你的紧张不安，开始在下面议论纷纷。这时你该怎么做？

不该做的事：不要慌张，更不能吓得夺门而出。

该做的事：深呼吸，喝几口水，面带微笑，看一眼演讲稿。找到你刚才说到的部分，并接着说下去。你可以说："好的，我们再回到刚才说的关键一点……"

如果你还是被各种负面情绪包围，就赶紧启动积极的自我暗示，比如说，"我能处理好的，先冷静一下，我可以继续讲下去的。"在大多数

情况下，你的听众都会在你迅速恢复状态后鼓励你继续讲下去。

问题 2：听众在下面“开小会”

你才刚刚讲到重点，后排就有两个人坐不住了开始窃窃私语，甚至有说有笑，还让在场所有人都听到了。即使你用眼神友好地示意他们“安静”，他们还是假装没看见一样继续说他们的。这时你一定不能放任他们打扰你的讲话。

不该做的事：不要提高音量、发脾气或指责说话的人。

该做的事：语气坚定但不失友好地说：

“不好意思，坐在后排的两位（如果你认识他们的话就直呼他们的名字），请注意听我说话。”（对大多数人而言，这样说足以让他们安静下来了。）

另一种做法：让他们成为大家注意的焦点。你可以这样说：

“要不后排的两位派个代表站起来和大家说说你们有什么看法吧？我们的时间有限，不过如果你们有什么想补充的话，可以大致说说，我们洗耳恭听。”

这一技巧可以令对方感到尴尬，从而安静下来。但是要注意，对方有可能正想站起来发表长篇大论，这么一来众人的注意力就被他们吸引过去了。如果对方真的接受了你的提议开始侃侃而谈，你要做好准备及时打断他们的发言：

“不好意思，感谢你与大家分享你的看法，但是现在我要继续刚才的话题了。”

还有一种更加能够体现你自信的方法：找对方私下聊聊。

如果可以的话，先暂停演讲让大家参与一个小活动或休息一下。走到说话的两人身边，心平气和地说：

“我已经两次提醒你们不要说话了，你们这样会影响其他人。就当帮我个忙好了，有什么要说的趁现在这会儿赶紧说完，否则我就要请你们二位出去了。”

问题3：有喜欢抬杠的人让你难堪

在一次交流研讨会上，有个人故意和我抬杠，他问我：“你怎么能证明那一点呢？”我简单地回答了他的问题，一分钟后，我给大家介绍了一种在人际交往中打破僵局的简单方法，他又讥讽道：“我试过这招，没用。”

你将如何在对方把你像傻子一样戏弄或让你情绪失控之前阻止他（她）的行为？首先，你要明确抬杠者通常有这样三个目的：1）挑战你的自信；2）破坏你的信誉；3）炫耀自己。

不该做的事：不要反应过度、故意无视、和对方理论或发脾气——尽管你真的要抓狂了——或者讲个带刺儿的小笑话打击抬杠者的嚣张气焰。

该做的事：保持冷静，利用你的幽默感。如果可能的话，用一句简短的回答或一个简单的例子支持你的观点，这样做或许可以让对方安静下来。

如果抬杠者还是我行我素，甚至做出了让你更加难以接受的行为，那么你就中止演讲，请对方和你一起出去并建议他（她）离开。

如果和你抬杠的人是你的同事，存心要捉弄你，那么你该怎么做呢？这时你可能无法请对方离开，但你可以走到他（她）身边，用坚定平和的语气小声提醒对方：“如果你能不捣乱的话我会非常感激你的。”

尽快处理这些麻烦制造者对你和你的听众来说都是有好处的。毕竟，演讲者的第一要务就是照顾到前来捧场的听众的需求。

问题4：你被问及一个难以回答的问题，或者在演讲的问答环节，场下鸦雀无声，无人提问

演讲的问答环节是与听众建立沟通桥梁的绝佳机会，因此不要就这么简简单单地敷衍了事。一场有效的互动问答可以帮助你澄清信息、突出重点、了解听众的想法与关心的问题。如果你不知道怎样回答提出的问题，你可以使用以下几招。你可以这样说：

“我不知道（或者我目前还没有得到相关信息），容我回去考虑后再给你答案。”

“你的问题其实挺复杂的，超过了我们今天讨论的范围。我只能简单地回答你……”

下面教你如何避免在问答环节出现无人提问的尴尬情形。

如果有人在休息时问了你一个问题，你可以说：“这是个好问题！待会儿在问答环节就由你提出这第一个问题好吗？”

问答环节开始时，问各位听众：“谁来提出第一个问题？”

如果无人回应，那么你就拿出之前准备好的问题为自己解围，比如说：

“我经常被问到这样一个问题，那就是……”

“现在你们可能会好奇，‘下一步是什么？’我现在就公布答案。”

问题 5: 你的视听设备出现故障

如果就在你要用到视听设备时，这些设备发生了故障，你该怎么办？你可以向听众开几个小玩笑，利用这不到一分钟的时间重启你的电脑、摆弄一下开关键或调解屏幕亮度（如果你知道具体怎么操作的话）。如果你想使用幽默化解尴尬的话，你可以这样说：

“我就知道应该把延长保修的单据带来。”

“我想不通啊，明明去年还用得好好的。”

如果你想要保持严肃，就可以这样说：

“请大家先和坐在你们旁边的朋友讨论一下……的问题。”

办好问答环节的几条小提醒

- 预测会被问到的问题并做出简短的回答。
- 总是要重复或解释一下别人提出的问题，好让所有人都明确知道究竟问的是什么。（你也可以利用这十几秒组织一下答案。）
- 确保答案精简明确，并配以具体例证。
- 如果问题与你讨论的话题无关，你可以说："这是一个好问题，不过不在今天讨论的范围内。我很愿意等讨论结束后再和你讲这个问题。"
- 对每个提出问题的人表示感谢，然后再问："下一个（最后一个）问题是？"

如果你无法在一分钟内解决设备故障，就找来音/视频设备的管理员（如果对方有空的话）帮你解决。为你的电子展示准备好备用方案，包括带有图形或图表的文字资料。为避免将来再次出现此类技术问题，你需要：

- 在演讲开始前检查所有的设备。
- 在测试完程序后重启你的笔记本电脑。
- 准备好备用的磁盘、投影仪或讲义。
- 确保透明投影胶片足够干净，而且放映出来的顺序无误。
- 确保幻灯片准确地放入了幻灯机的托盘上。
- 学会给投影仪换灯泡。

演讲时你可能一时找不到音/视频设备管理员，这时你就要灵活应对问题了。音/视频设备只是辅助的手段，并不是你进行演讲的唯一方法。如果你的电子设备出故障了，你仍然可以继续演讲。我还是会携带写字板或白板，手头上还要备几支新的马克笔以防万一。这样的做法看似过时，但绝对不会出纰漏。

> “人们说话的声音就是最美妙的音乐。”
>
> ——谚语

回答听众的问题、构思结构严谨的演讲稿以及进行充足的练习是做好一场精彩演讲的关键所在。如果你在讲话的过程中说错了话或舌头打结，不要担心，调整一下思路，继续讲下去就可以了。与听众分享你的想法，并尽量讲得有趣些，你的听众就会为你和你的演讲喝彩。

第六章

说服你的老板给你升职

“在这个世界上，有的人是低头做事的，有的人是接受荣誉的。”

——狄威·莫若（1873—1931），美国政治家

本章学习要点：

·了解老板的谈话风格·毛遂自荐但不要言过其实·帮助你为升职好做准备的2个策略·请求升职时该说的话和不该说的话

在查尔斯·M·史库韦伯成为伯利恒钢铁公司的总经理之前，他由于不求进取吃老本而被他的老板，安德鲁·卡内基痛批了一顿。他在电报中向老板吹嘘：“昨天我破了所有的记录。”而卡耐基回复他：“那你今天做了什么？”

了解老板的谈话风格

> “闻其歌知其鸟，听其言知其人。”
>
> ——谚语

周一的早上，你发现的第一件事就是桌子上多了一张纸条，上面写着老板要你去她的办公室里见她——越快越好！你可能猜不透老板的心思，但是了解她的谈话风格会助你在升职之路上一臂之力。

不同的老板有不同的谈话风格。有的人喜欢在讨论工作之前先闲聊几句；有的人喜欢直接讨论正事；有的人喜欢一对一地轻松谈话，整个过程不紧不慢，一次讨论一个细节；还有的人喜欢召集全组员工开会，讨论相关问题。

观察你的老板，看看对方更偏向于哪一种谈话风格。当然了，没有人的谈话风格是一成不变的。大多数人会采用多种谈话风格相结合的方式，但是一般来说以下四种风格是最常见的。

- 强势型
- 友好型
- 指导型
- 逻辑型

1. 与强势型谈话风格的老板对话

“战略思想家”“极具号召力”“咄咄逼人”“直言不讳”这些词汇都是用来形容强势型谈话风格的老板。这种类型的老板进取心强，喜欢开门见山、直奔主题，也时常打断别人的讲话。这样的老板说话声音洪亮，肢体语言丰富，而这往往会让员工生怯，特别是在他们直抒己见或发号施令时。强势型的老板讨厌诸如“不行”，“我尽力”或是“我做不到”之类的回答。

强势型的老板喜欢讨论备选项，接着做出决定、分配任务并说明细节问题。你将如何应对这种谈话风格的老板？在进行讨论的时候，保持你的立场，简要地陈述你的观点，但是不要和老板争论，因为对方通常会坚持自己的观点。强势型的老板渴望看到丰硕的成果，享受成功带来的光环。

如果你不介意给强势型的老板当“二把手”，那么你的职业生涯就有可能发生质的飞跃。你要向老板保证，他（她）的目标就是你关注的重点。你要说的就是，“告诉我您的需求，我一定办好。”下面的六条小贴士可以帮助你给这一类型的老板留下更加深刻的印象：

和情绪失控的强势型老板打交道

处于压力之中的强势型老板可能会大声喝令、呵责下属甚至威胁你。在这种情况下，你要避免正面冲突，因为老板才是永远立于不败之地的人。你可以说一些安慰的话让你的老板冷静下来，比如“事情会进展顺利的”或“没问题，我一定办好。”

然而，最好的办法还是避开暴跳如雷的老板，采取“卧倒并掩护”的策略，直到“风暴”平息。如果老板的行为就快触及你的“怒点”了，那么你可以这样说：“拜托了，如果您一直冲我这样大喊的话我也没办法解决问题了。”

- 跳过寒暄的部分，或者等到你们谈完正事再说。比如：

“早上好，我已经做好准备检查本月的账户了。”

- 重复谈话的主要内容以表明你在认真地听，而且已经了解了大局。比如：

“从您昨天讲的内容来看，我认为您最关心的是……”

- 用一句话讲明会议的目的。比如：

"总而言之，我们今天开会的目的就是告诉您数字背后的故事。"

• 避免过长的解释或逻辑推理过程。比如：

"总而言之，对于您的问题，我的答案是……"

• 相关细节或背景信息可以留待以后说明。比如：

"关于细节问题我就不多说了，您看有没有您想要深入了解的。"

• 询问进一步完成工作的策略、行动方针或决定。比如：

"您认为下一步该怎么走？"

2. 与友好型谈话风格的老板对话

"人性化的""热情洋溢的""工作投入的""乐观的"这些词汇都可以用来形容友好型谈话风格的老板。这种类型的老板性格活跃，喜欢与人寒暄、与员工套近乎。友好型的老板往往会鼓励员工进行头脑风暴和团队合作。他们会为促进员工合作、确保和睦共处以及提高工作效率而做大量的工作。

友好型的老板不会太注重细节，也不会揪住一些小错误不放。他（她）会在敦促员工做出令人满意的业绩和保证员工心情愉快之间找一个合适的平衡点，以维持大局的稳定。这类型的老板总是谈笑风生，喜欢成为众人瞩目的焦点。

对于友好型的老板，你要做的就是与之维持良好的人际关系并保证自己的工作效率。你可以在开会时自由发言、向老板贡献点子并充分发挥团队精神。告诉你的老板，你很重视你们的工作关系，那么如果你想升职的话，对方可以为你提供帮助。你要说的就是，"我很享受和您一起工作。"或"您让我在这里工作得非常愉快。"

以下是与友好型谈话风格的老板对话的几条小贴士：

• 在谈正事之前问一问老板的家庭与兴趣爱好。比如：

“在我们开始讨论预算问题之前，告诉我您女儿最近身体好些了吗？”

• 表现得热情积极一点，特别是在开会和分配任务的时候。比如：

“我认为向客户传达我们的想法是一件很有意思的事情。”

• 总结老板的主要观点。比如：

“您是想让我在明早之前做好……，是吗？”

与忽视“问题员工”的友好型老板打交道

友好型谈话风格的老板通常会无视某个“问题员工”，而不是与其正面交锋。举个例子，如果老板放任某个业绩不合格的偷懒员工不管，那么与他同组的其他员工就遭殃了。随着问题越来越严重，团队士气和工作效率就会很快一落千丈。

虽然说你没有什么立场斥责这样一位问题员工，但你可以请老板正视这个问题。让你的老板知道这名员工的行为已经影响到了你和你的同事，并请老板做出行动。

你可以说：

“我有个事情要向您汇报。蒂娜这个人用心工作的时候表现得还不错，但是很多时候她交给我的报告里都有不少低级错误。这样一来我除了准备自己的报告，还要帮她修改错误。如果您能找她谈谈，让她提高一下自己的工作质量，我会非常感激您的。”

• 认真倾听，询问不清楚的问题。比如：

“您说促销广告要做到‘让人大吃一惊’具体是什么意思呢？”

• 灵活应对，对老板的想法表示赞同。比如：

“您说的那个主意我还真没想到呢，我觉得很好！”

• 避免过长的解释或逻辑推理过程。比如：

“细节问题和多余的解释我就暂时不向您汇报了，重要的是……”

• 用一两句话表明你的观点。比如：

“简而言之，如果我们想要卖家打折的话就要在下个周三之前做出购买决定。”

3. 与指导型谈话风格的老板对话

“循循善诱”“亦师亦友”“认真尽责”这些词汇都可以用来形容倾向于指导谈话风格的老板。这种类型的老板很重视员工的学习过程，喜欢与他人分享知识。他们看重高质量的工作、人际接触和忠实的人际关系。

指导型谈话风格的老板会在会议上提出各类问题，促进讨论交流。他们会分配任务，但在这之前一定会给员工提供必要的信息、规范和时间表。这类老板会详细检查你的工作并提供具体的反馈，就像高中老师对学生做的那样。

独立高效的工作会让指导型的老板对你刮目相看，从而助你升职。这类型的老板很重视人际关系，所以你一定要为对方做出的努力表示感激之情。一种简单的方法就是对对方说：“我很感谢您的帮助。”

以下是与指导型谈话风格的老板对话的几条小贴士：

• 表明自己想要不断提升工作水平的愿望。你可以说：

“我正在参加一个演讲交流会，因为我想在开职工会议的时候更加积极有效地发言。”

• 虚心接受批评。比如：

“您认为我该怎样改进？”

• 力求澄清所有问题。比如：

“您认为怎样才算是圆满完成任务？”

• 在会议上积极发言、表明自己的想法。比如：

“就您刚才说的话我想补充几点。”

• 征求老板的意见。比如：

“依您之见，关键问题是什么？”

• 向老板要求做更多工作。你可以说：

“如果您认为我可以的话，我还想做……（某工作）。”

与傲慢霸道的指导型老板打交道

出于善意的指导型老板有时也会表现得傲慢霸道。他们会软硬兼施地说服你按照他们的方法行事。如果你不同意其看法或不遵循其建议，他们就会感觉自己没有得到员工的重视，于是对你态度冷淡、不屑一顾甚至直接冲你发火。

当然，你想要学习老板的智慧和经验，但同时也想保留在工作中自己做决定的权利。为了减少人际关系中的紧张因素，不要对老板提出的批评或这样那样的建议做出过激的回应。你可以这样向你的老板表达感激之情：

“我真的十分感谢您对我工作上的指导。虽然我可能没有事事都按照您的建议来，但是您提出的大部分建议都让我受益匪浅。”

4. 与逻辑型谈话风格的老板对话

“精准”“严肃”“完美主义者”和“含蓄内向”等词汇都可以用来形

容逻辑型谈话风格的老板。这类型的老板情绪内敛，往往会从头到尾一步步地呈现自己的观点。逻辑型的老板喜欢讨论技术细节、工作程序以及工作原理。总而言之，他们重视准确性以及系统的工作方法。

逻辑型的老板一般不会在开会前或休息时与员工“闲聊家常”。他们不善寒暄，更喜欢与员工一对一地讨论工作上的问题及其解决办法，或者是他们非常感兴趣的话题。

如果你可以避免犯错，无论是言语上的还是书面的错误，就有可能让逻辑型的老板对你青眼有加。在谈话时你应该谨慎选择你的措辞、放慢语速并讲究方法。为了向逻辑型的老板表明你有努力争取“零失误”工作的决心，你可以这样说：

“我想把事情做好，请您告诉我还有哪些部分没有达到您的要求。”

与吹毛求疵的逻辑老板打交道

处于压力之中的逻辑型老板可能不会和你说太多话，但却会比往常提出更多批评意见。他们会在说话时直言不讳、毫无耐心，甚至会抓住一个极小的问题不放，将其看成是严重的失误。因此，如果你的老板发现了你在工作中犯了一个小错误，轻蔑地哼了一声，“全是错的！”，你也不用感到惊讶。

应对这种吹毛求疵的老板，最好的方法就是不要轻易放过每个小细节。不要费心思在一些小问题上和老板争论不休，也不要给自己找借口，因为这样做会引起老板的反感。当老板批评你的工作时，不要慌张，这时你可以边做记录边说：

“我明白您的意思了，还有什么需要改正的吗？”

以下是与逻辑型谈话风格的老板对话的几条小贴士：

- 在会议开始的时候就直接切入主题。你可以说：

“你好，我已经做好准备要开始检查此次工程的设计书了。”

• 在讨论工作前重复核实所有细节和相关文件。比如说：

“数据我已经核实过三次了，我们部门本月的销售额提升了10%。”

• 一一呈现详细的相关信息，比如说：

“我这里有所有的详细信息。首先，我会讲到……；接着……；最后……。”

• 绝对不要随意找借口或给出毫无依据的答案，比如说：

“我不知道怎么回答这个问题，我会在搞清楚后再告诉你。”

了解老板的谈话风格可以让你更清楚地知道自己该说什么、怎么说。下一步就是告诉你的老板，你是如何为公司做贡献、帮助老板完成目标的。诀窍就在于客观陈述你的成就，不要让对方以为你在吹牛。

毛遂自荐但不要言过其实

> “不要给自己什么评价，当你离去时自会被人评说。”
>
> ——威尔逊·米茨纳（1876—1933），美国剧作家

重量级拳击冠军穆罕默德·阿里喜欢说“我是最棒的！”，这无疑将自我提升的艺术拔高到了一个新境界。一位听烦了阿里“自吹自擂”的拳击手问他对高尔夫球是否在行。“我是最棒的，”阿里咧着嘴笑道，“不过我还没有打过高尔夫球。”

顶级的成功人士都喜欢谈论自己的成就，这是毋庸质疑的。然而在他人看来，如果你吹过了头，就会显得过于自命不凡了，而这一点可能

会成为你前进路上的绊脚石。如果你想给老板留下好印象，在谈论自己的时候一定要避免犯以下 3 种错误。

错误 1：说得太多

可以谈谈自己的突出贡献，能够打动老板即可，不必说太多。你应该用一两句话说明自己采取了怎样的具体行动，从而节省了老板的时间或为公司节约了成本又或是提升了客户的满意度。比如说：

"×× 商店的销售人员说我卖给他们的产品颇受顾客喜爱，非常畅销。"

"我认为下一次我们应该在网上订购办公物资，我刚刚算过了，这样做可以为我们节省 20% 的费用！"

错误 2：夸大自己的成就

马克·吐温曾在一次火车旅行时向一位乘客吹嘘自己在一次捕鱼行动中捕获了几十条鲑鱼，而现在这些鲑鱼正放在火车行李车厢的冰块上。"捕鱼季都快结束了你还能弄到这么多鱼啊？"对方问道。"真是太有意思了！哦，对了，我是一名狩猎警察，你是做什么的？"马克·吐温眨了眨眼回答道："我就是美国最会撒谎的人啊。"

当你和老板说话的时候，你可能会忍不住想夸大自己的销售业绩、获取的利润或客户的积极回馈率。然而，如果对方请你拿出证据来，那么场面定会变得无比尴尬。夸大自己的成就可能会让你的老板对你产生一时的好感，但是对方终究还是会了解到真相的，到那个时候你的个人信誉和升职的机会将一并化为乌有。

不要再拿那些假数据糊弄你的老板，你要拿出具体的例证，说明自己是怎样化解潜在危机并取得成功的，这样才能给老板留下深刻的印象。举个例子，你可以说：

"我打电话给客户让他们检查一下交货的情况，多亏我问了，原来他们还没收到货，于是我打电话给仓库让他们重新寄出订单。"

"Ace卡车公司的老板打来电话询问发票的事，但是在我和他解释了我方要额外收费的原因后，他便同意了今天付款。"

错误3：做不到与他人共享荣誉

想象一下一位体育明星，比如说篮球传奇迈克尔·乔丹把打赢比赛或联赛冠军的荣誉全都揽到自己身上，会出现怎样的问题。还有什么能比听到团队中有人抹煞他人的贡献而独自邀功更加打击士气？如果你做不到与他人分享荣誉，那么你的行为就会显得小家子气十足。如果你能从奥斯卡影帝影后们的获奖感言中得到启发，学会与队友共享荣誉，你的老板就会认为你也是一个值得嘉奖的好员工。你可以通过以下方式承认其他同事做出的贡献。

"没有我们部门每一位成员的帮助，我就不会做出这么好的销售成绩。"

"这份合同是我们团队合作的结果，我只是达成交易的人。"

帮助你为升职好做准备的2个策略

> "他们需要一位小提琴家，我就得到了这份工作。过了几天他们又听到了我在弹吉他，于是又给了我一份吉他手的工作。你必须要在合适的地点合适的时间做合适的事。"
>
> ——切特·阿特金斯（1924—2001），美国音乐家

2000年的大学足球季赛刚开场的时候，作为候补四分卫的莱恩·麦肯就坐在了加州大学洛杉矶分校棕熊队的长椅上。在和阿拉巴马大学红潮队对战不到十分钟的时候，加州大学洛杉矶分校队的四分卫的肩膀就

受伤了。没有经过考验但跃跃欲试的莱恩·麦肯就接替受伤的四分卫出场，并带领加州大学洛杉矶分校棕熊队三次触地得分，取得了最终的胜利。

策略 1: 将自己置于“候补队员”的位置

你可以将自己置于“候补队员”的位置，这意味着你要做到随时待命。为了扮演好这一角色，你需要：

- 了解你的“主力队员”掌握的技能
- 评估自己的技能水平、优势和劣势
- 提升技能至要求的水平

告诉你的老板：

“我一直在提升……的能力，所以如果您要我帮您做……的话，我一定能做好。”

“现在李有事请假了，您有任何事的话都可以交待给我去做。”

“如果你要找人填补那个职位空缺的话就告诉我好了。”

策略 2: 将自己视为有价值的“资源”

励志演说家安东尼·罗宾斯在演讲培训界颇具声名，因为他让人们相信他们能够光着脚在烧红的炭火上行走却不烫伤自己的脚趾。如今，罗宾斯已成为想要在各自领域内企图攀登顶峰的奥林匹克运动员、各大公司 CEO、甚至美国总统的有用“资源”。多年来，安东尼·罗宾斯本着“每个人都是一份无比宝贵、不可替代的资源”这一原则建立起了一座自我提升的帝国。

即使你无法拥有安东尼·罗宾斯一样非凡的领导力或成为和他一样的成功人士，你也可以视自己为一份宝贵的资源。你要做的就是帮你的老板提高利润和生产力、降低成本或提升公司的竞争力。你要用自己的技能、知识和专业领域内的人脉给老板带来利益，这就是你成为“宝贵资源”的方式。

以下是成为老板眼中的“资源”的其他一些方式：

• 向老板推荐其他工作能力强的员工。你可以说：

“我知道我们部门有个人肯定是这个职位的最佳人选。”

• 培养你所在领域内的人脉关系。你可以说：

“我可以给你推荐一个设计师（程序员、撰稿人等），他（她）或许可以帮你解决这个问题。”

• 帮助你的老板及时掌握行业动态。你可以说：

“我在报纸上看到了一篇文章，是关于我们那天讨论的问题的，我觉得这篇文章或许有用。”

请老板给你升职之前要做的4件事

做好准备是成功升职的关键。在和老板会面之前，你要做足功课，带上所有的相关文件材料。

1. 总结你在提高公司利润、工作效率和竞争力方面做出的贡献，内容长度在一页纸左右。

2. 了解你想要谋求的职位，准备好告诉你的老板为什么你会是一位合格的候选人。

3. 在请求升职之前了解该职位的薪水，准备好建议你的老板给予你其他形式的薪资补贴。

4. 选择请求升职的正确时机。如果你所在的行业不景气，或是你的老板正在为债务问题发愁，那么你要推迟提出升值请求。

• 参加卖方赞助的研讨会、论坛和会议。你可以说：

“我遇到了一个卖家，他（她）可能会以低价把那个项目卖给我们。”

- 和老板讨论行业趋势和不断变化的机遇，你可以说：

“我参考了一些行业杂志，发现明年这个时候我们行业会出现一种新的标准软件程序，名字叫……”

请求升职的关键在于在正确的时间正确的地点运用正确的技巧。当机遇来敲门的时候，知道该说什么、不该说什么是非常重要的。

请求升职时该说的话和不该说的话

> “向上爬时，对遇到的人好点，因为掉下来时，你还会遇到他们。”
>
> ——杰米·杜兰特（1893—1980），美国喜剧演员

知道什么该说什么不该说可以增加你升职的概率。你应该直切要点，想要毛遂自荐也可以，但别说太多，简单几句就好。另外不要忘了最重要的事——请求升职。

在开口前多练习几次

你的目的就是自信顺畅地做一次五分钟的推销，而推销的产品就是你自己。在卡片上列出你要说的重点，然后用磁带或摄像机录下自己演练的过程，再请一位可靠的朋友或专业的交流培训师评判一下自己的表现。

你的声音听起来怎么样？你的语气坚定吗？你是否讲到了重点内容？你整个人的状态如何？你的身体语言是否体现了你自信的态度？

记住，在请求老板给你升职的时候要考虑到对方的谈话风格。下面将告诉你这时你应该说什么、不该说什么：

该说的话："我想耽误您几分钟谈谈我在本部门以后的职业规划问题。"（这样开门见山的说法清楚地表明了你想要升职的积极愿望。）

不该说的话："您太忙了，可能没空和我谈工作调动的事。"（这样说话显得你缺乏自信，将自己置于被动地位。）

该说的话："我一直在提升自己的工作技能，所以我希望您能考虑我作为这一职位的人选。"（这种坚定的语气表明了你跃跃欲试的态度。）

不该说的话："真是受不了了，升职的事总是轮不到我。"（一味地抱怨只会让他人认为你的工作能力不足。）

该说的话："如果有需要我的地方请立即告诉我。"（这样说可以让对方知道你是一个有能力且愿意承担责任的人。）

不该说的话："我愿意不惜一切代价完成工作。"（尽管这句话表明了你勤恳认真的工作态度，但同时也在暗示你是一个为了达目的而不择手段的人。）

该说的话："如果您觉得有合适我的职位，就请通知我，好吗？即使这份工作需要更高的专业技能，我也一定能够做到。"（这番话体现了你的自信以及希望老板助你升职的愿望。）

选择正确的场合、正确的时机诚然是得到老板提拔的重要条件，知道在和老板对话时什么该说、什么不该说也会对你的谈话结果产生重大影响。在毛遂自荐的时候不要觉得不好意思，但如果你不确定某句话该不该对老板说，请听从这样一句明智的劝告："心中无数，不可行动。"

第七章

如何在不树敌的情况下赢得辩论

“我喜欢辩论，我不希望任何人只是坐在我边上，同意我的观点，这不是他们的工作。”

——玛格丽特·撒切尔（1925—2013），前英国首相

本章学习要点：

· 如何呈现具有说服力的论据 · 使得事实和数据更具说服力的简单方法 · 和同事辩论时的 3 大准则 · 辩驳对方论据中的薄弱点的 5 个步骤 · 当有人质疑你的观点时该如何保持冷静 · 与同事持不同意见时应避免犯的 8 种错误

最近我遇到了一名编辑，她告诉我她的公司是怎样决定出版那些书的。“资深编辑们在五名执行编辑、销售总监和出版商面前轮流就哪些书该出版、那些书不该出版发表自己的意见。”她抱怨说，“恐怕我说的话还不足以说服他们，我哪里说错了吗？”

每个人都有在工作中与人辩论某一项目或提议却败下阵来的经历，但是你知道为什么你的对手会赢吗？或许和你比起来，对方更加了解你

们辩论的主题或者是对方的思维更加敏捷。你将如何胜过这些能言善辩的对手？成功的律师、销售人员或谈判人会告诉你，你是可以通过一些具体的方法增强自己的说服力的。采用以下战术可以帮助你在辩论中取得成功：

- 表明立场
- 拿出令人信服的证据支持你的观点
- 细读对方陈述的事实和结论
- 冷静地捍卫自己的观点
- 明确地复述一遍你的观点

简单几步呈现具有说服力的论据

> "当你本应该加强自己的论点时，你却提高自己的嗓门。"
> ——塞缪尔·约翰逊博士（1709—1784），英国词典编纂家

几年前我在不列颠哥伦比亚省和一位教师共事过，他这个人热衷于和其他教师辩论有关"开放式教室""新数学运动""回归基础"等教育问题。据我观察，当他们在学校餐厅里进行激烈的讨论之后，其他人通常都会采纳他的意见。当我问他在辩论中到底有什么制胜的法宝时，他给了我如下建议。

1. 表明立场

你对提议持赞成还是反对意见？你认为这个主意是好是坏？你认为这一方法能够解决问题吗？你的看法是什么？

为了赢得辩论，你必须表明并捍卫你的立场。在陈述观点时，你要考虑到你的听众。了解听众的价值观和敏感度有助你提出具有说服力的观点并避免煽动性的言论。为了清楚地表明你的立场，你可以用以下内容作为开场白：

“在我看来，……”

“关于这一问题，我的立场是……”

“我坚信……”

2. 拿出令人信服的证据支持你的观点

如果你想要说服他人并赢得辩论，你需要拿出能够支持你结论的具体事实、例证和专家观点。采用以下方法支持你的论点：

诉诸传统

人们喜欢熟悉而安全的事物。这就是为什么将你的观点披上一件传统的外衣会给你带来便利，而同时让对方的辩论过程变得更加艰难。

比如说，你认为你们公司应该为当地某家文化机构赞助一场募捐活动，你就可以说：

“我们公司长期致力于提高社区居民生活质量，投资建设了很多我们引以为豪的项目，比如新图书馆和公园游乐场。因此我建议我们公司延续这一传统，举办筹款晚宴，为建设新博物馆募集资金。”

陈述事实和数字

最有力的论据是以铁的事实作为依据的。你必须回答“谁”“什么”“何时”“何地”“多少”这一系列问题。在陈述事实和数字时，你要确定它们：

- 最新的、准确无误的
- 来源可靠
- 通俗易懂

引用业内公认的权威

引用专家的说法作为论据也可以帮助你在辩论中取得胜利。尝试找到能够支持你观点的多方权威说法。除了让自己的观点与专家的观点一致，你还要确保每一位专家：

使得事实和数据更具说服力的简单方法

美国推理作家雷克斯·斯托特（1886—1975）说得最好："世界上有两种数据，一种是你找到的，另一种是你编造的。"即便如此，如果你能更好地利用手头上的数据和事实，你将赢得更多的辩论。

- 使用较大的数字。比起小数字（或小百分比），大数字更能给人留下深刻印象。你可以这样说：
  "对超过10,000名开始求职的高校毕业生进行的调查显示，将近7,300人说过……"
- 谈到钱或利润时，讲完百分比后还要加上相关的金额数据。
  "每周销售额增长率为10%，即每周利润增长50,000美元。"
- 制造"从众效应"，说明大多数人支持你的观点。
  "访问我们网站的每1,000人中就有约900人认为我们发布的信息相当有用。"

- 拥有你的听众或对手的尊重
- 曾经预测或实现过你的结论
- 曾经在你们正在讨论的问题上做出过贡献

你可以这样说：

"这可不只是我个人的看法。我的提议与爱丽丝·埃德加博士的观点一致。埃德加博士毕业于哈佛商学院，是一位受人尊敬的律师，她常年为《哈佛商业评论》撰写文稿。她认为……"

描述一个类似的情景

成功的律师和销售人员懂得利用相似的情形或先例陈述证据、支持自己的论点或说服客户。关键在于选择正确的例证吸引听众的注意力、支持自己的观点。

举个例子，你想提醒某客户未来半年内可能出现的问题，因为你坚信“有备无患”。

而你的同事不同意你的看法，他认为最好等到问题出现再告诉客户，因为谁都不确定这个问题到底会不会出现。他的观点就是“有必要时再出手”。

在辩论中你可以举出一个先例：

“去年我和客户合作的过程中也出现了类似的情形，我们当时就是这样做的。”

从道德价值观出发

当冷酷的事实与人文关怀发生碰撞的时候，从道德价值观出发陈述己见就成了一种非常有效的辩论手段。当然，对于你的陈述，有些铁石心肠的对手也只会冷漠地耸耸肩，但是你可以趁机让他们感到难堪或指责他们，使其同意你的观点：

“不错，利润的确很重要，但是我们也肩负着保障公司员工安全的责任，即使这意味着我们的利润会降低。我认为这才是我们该做的事，难道你不这么认为吗？”

3. 自信地陈述你的结论

如何陈述结论也可以让听众的意见倒向你这一边。为了赢得辩论，你必须要明确地陈述你的结论，然后寻求听众甚至对方的一致意见。你可以使用以下句式结束辩论，并强调你的观点是正确无误的：

"显然，正确的决定就是……"

"毫无疑问，……"

"我确定你们会同意我的看法，那就是……"

明确陈述观点、拿出有力证据、得出坚定结论是赢得辩论的首要三步。然而，要真正说服听众，你必须从对方的薄弱论据下手，但不可以表现得傲慢专横。

辩驳对方论据中的薄弱点的5个步骤

"尼克松是这样一位政治家，他会砍倒一棵红杉树，然后踩在树桩上发表保护环境的演说。"

——阿德莱·史蒂文森（1900—1965），美国政治家

1960年，很多专家预测理查德·尼克松会在即将到来的总统竞选中一举击败相对默默无闻的约翰·F·肯尼迪。然而，肯尼迪认为他能够说服投票者相信他才是最佳人选，但前提是肯尼迪在全国第一次电视辩论中必须有出色的表现。

这次电视辩论吸引了数百万观众观看，胸有成竹而又能言善辩的肯尼迪反复攻击尼克松的薄弱论据，而尼克松的表现却十分僵硬，做出的回答更是缺乏创意，甚至被一部分人指责为"毫无诚意"。在第一场辩论结束后，一位老妇人对尼克松说："尼克松先生，你别太在意。虽说肯尼迪昨晚打败你了，但是下一次获胜的人一定是你。"

然而这位老妇人的希望泡汤了。肯尼迪一举获得了全部四场辩论和总统竞选的胜利，因为他当时运用了以下辩论策略。

策略 1：抓住薄弱论据，弱化有力论据

认真听对方说的话，找准对方的薄弱论据，然后揪住这些论据不放，提出你的疑问。与此同时，尽量弱化对方的有力论据以削弱对方的气势。

比如说：

“你的建议是可以提高设计水平（有力论据），但我们现在已经开始建设了，想要做出改变的话，代价无疑是非常昂贵的（薄弱论据）。”

和同事辩论时的 3 大准则

“我的建议就是在选择陈词滥调和口无遮拦之间寻找一个巧妙的平衡点。”

——罗伯特·鲁赛（1921—2000），英国大主教

没错，你想要赢得辩论但又不想让你的同事当众下不来台。讨论结束以后，你没准还会和对方有工作上的合作。下面三条准则可以帮助你更加灵活地应对这种面对面的交锋。

准则 1：绝对不要对同事进行人身攻击

绝对不要进行人身攻击的原因有三。第一，进行人身攻击，比如声称你的同事为人不诚实或欠缺工作能力，属于无力的辩论，容易给对方抓住把柄。第二，进行人身攻击会让人以为你已经绝望得无计可施了，因为通常辩论者只有在万不得已时才使用这最后一招。最后，进行人身攻击会得罪人，让原本和气的同事成为你的死对头。

准则 2：绝对不要给你的同事贴上标签

尽管给对手贴标签（或贴错标签）通常是政治竞赛中的有效策略，但在日常工作中却会适得其反。每个人都有自己的观点和偏见，为了赢得辩论而强调自己对对方的成见本无可厚非。然而，如果你对自己的同事下手，比如说称其为性别歧视者，那么到头来吃亏的还是你自己。

准则 3：绝对不要扭曲你同事的立场

和同事辩论某一问题时，稍有行差踏错你的信誉就会受到损害。因此，不要故意歪曲对方的立场，这只会损害你的信誉并为你树敌。

“我同意你说的我们需要增加产量（有力论据），至于你说要通过雇用临时工人来解决这一问题，我认为这会在今后引起更多问题（薄弱论据）。”

策略 2：质疑对方所举事实的真实性和对事实的解读是否得当

在进行演示或辩论的过程中，想要辨别哪些是真相、哪些是捏造出的事实并不容易。因此，质疑对方所举事实的真实性或对事实的解读是否得当可以大大提高你取胜的概率。以下几种方法可以帮助你削弱对方的气势：

• 表明对方所举事实可以有不同的解读。比如说：

“对于你提出的这份报告，我有不同的解读。”

“至于这些数据能否支持你的结论，我仍抱怀疑态度。”

• 表明对方所举事实具有误导性。比如说：

“你列举的事实只能说明一部分问题。”

• 质疑对方所举事实的有效性——这些事实是否是错误的或已成为过去式？比如说：

“你给出的数据是哪一年的？如果不是今年的，我怀疑这些数据是否能说明我们今天讨论的情况。”

• 表明对方所举数据有失偏颇。比如说：

“如果这些数据仅来源于某一行业，我们怎么能确定它们不会有失公允？”

• 表明对方忽视了一个重要的事实。比如说：

“如果参加调查的男女数量不一样，你怎么能说结果是准确无误的呢？”

记住，如果你质疑对方列举的事实或做出的结论，一定要做好准备拿出证据证明自己的观点。

策略 3：质疑对方基于跟风现象而得出的论据

你可以将对方基于跟风而得出的论据与另一更具科学性或更符合道德标准的论据进行比较，从而削弱对方的气势。比如说：

“但是大众认可的事并不一定就是正确的事。我还记得在 1964 年《民权法》通过之前，大多数美国人都认为在公立学校实行种族隔离制是再正常不过的事。这也曾是大众的观点，但并不意味着这种观点就是正确的。”

策略 4：质疑对方所举例证的相关性

绝对不要让你的对手在列举与讨论问题不相关的例证时侥幸成功。下面的三种方法会告诉你，这时你应该说些什么：

• 声明对方所说的例子或情形和眼下讨论的问题没有多少相似性，因此证明不了什么。比如说：

“你刚才说的事是在完全不同的情况下发生的，因此我认为这并不适用于我们现在讨论的问题。”

• 给出一个更加能说明问题的例子证明你的观点。你可以说：

“我不认为上世纪八十年代的商业模式也同样适用于今天。我这里有另外一个有关如何应对相似情形的例子，这个例子更加贴近我们今天讨论的问题。”

策略 5：暗示大家你的对手根据错误的假设做出了草率的结论

暗示大家你的对手根据错误的逻辑得出了结论对你来说无疑是制胜的一击。然而，你千万不要直接说“你说错了！”，你可以这样说：

“你这样预测的前提是我们今年的销量会高于去年，但如果我们的销量不增反降，你又该怎么说呢？”

想要赢得辩论，你要做的并不只是质疑对方列举的事实和做出的结论。你还要在对方挑战你的论点时保持泰然自若。

当有人质疑你的观点时该如何保持冷静

> “我坚定，你固执，他顽固。”
>
> ——伯特兰·罗素（1872—1970），英国哲学家、社会改革者

在辩论的时候，也许有人会质疑你所说的事实，指责你说错了话甚至怀疑你的能力。他这么做或许是急切地想测试你的信心、诱导你改变论点或希望你情绪失控。无论对方说了什么对你不利的话，你都要深呼吸并保持冷静。集中注意力作出回应，但不要说出让自己事后后悔的话。下面将告诉你如何在受到他人挑战的时候保持镇定和自信：

1. 了解自己论据中的薄弱点

预测对方可能提出的质疑并做好准备，你可以说：

“你提出这个问题并不让我感到惊讶，因为很多不了解问题本质的人都会认为这就是关键所在。”

2. 即使你丢掉一分或犯了错误也不要慌张

如果你的同事指出你的论据中存在矛盾之处，你可以这样说：

“你说的我能理解，但是从宏观角度看，这个问题对我的结论并没有什么影响。”

3. 不要匆忙做出草率的回应

不要着急，冷静地逐个回应对方的质疑。复述对方的问题好给自己多一点时间思考答案：

“我愿意就你关心的问题一一作答。”

4. 不要反应过度

不要对对方故意激怒你而做出的过分言论或冷嘲热讽作出回应。你可以说：

“我看你也说不出什么实质性的话来了。”

5. 将对方的质疑最小化

无视对方做出的攻击，重复你的结论。你可以说：

“无论你说什么都改变不了这些事实。”

当对方对你提出挑战的时候，要保持冷静，这会让对方认为你是一个充满自信、思维活跃且不为外界所扰的人。控制住自己的情绪可以让你赢得辩论，而同时不会因为一时冲动让单纯的同事关系升级为敌对关系。

与同事持不同意见时应避免犯的 8 种错误

> “如果我做了什么对不起别人的事，我愿意得到别人的原谅。”
>
> ——爱德华·N·威斯克（1846—1898），美国作家

当你和你的同事就某一项目产生不同意见而进行辩论时，关键问题并不只是谁输谁赢，你的人际关系和你的工作同样也饱受威胁。当你和同事辩论时，一定要避免犯以下八种错误：

1. 当着其他同事的面嘲笑或羞辱对方。
2. 拿对方过去的错误或疏忽说事。
3. 对对方说，“你大错特错了！”。
4. 重复他人作出的负面评价。
5. 暗示他人对方的观点与你们辩论的内容是不相关的。
6. 将工作上的争论变成个人斗争。
7. 以不友好的气话结束讨论。
8. 讨论结束后仍对对方心怀芥蒂。

> “要赞美朋友，莫提及敌人。”
>
> ——谚语

当你和同事发生分歧的时候，如果不能进行妥善的处理，就有可能造成不必要的摩擦。即使你知道自己的想法是对的，但为了保持良好的同事关系，你最好还是谦虚地说明自己的看法，而不是将其作为事实告诉他人。

第八章

使用谈判策略获得更好的工作待遇

“人们说努力工作总是没错的，但是我需要考虑为何要接受这份工作。”

——罗纳德·里根（1911—2004），第四十届美国总统

本章学习要点：

· 回答 3 个关键问题，提升自己的谈判地位 · 关于协商更高薪水的 5 条建议 · 洽谈入职时人们常犯的 7 大错误 · 如何用沉默和拖延时间争取更好的工作待遇

人们都知道电影制片人塞缪尔·戈尔德温在谈判中从不轻易妥协，特别是在涉及员工工资的时候。一名男演员向戈尔德温说明了自己希望每周可以拿到多少薪水，戈尔德温听完他的话后立马大声说道，“你刚才说的数字不应该是每周一千五百美元，”他勃然大怒，继续说道，“你应该申请一千二百美元的周薪，不过我也只会给你一千美元！”

一旦你通过了初步的面试，下一步就是要通过协商尽可能获得高工

资。协商工资和买东西时讨价还价差不多，都包括了报价与还价的过程，都需要相互迁就，都需要具备倾听和说话的技巧，当然，也都需要精心准备。那么，你该怎样进行准备呢？第一步就是在你坐上谈判桌前问自己几个关键的问题。

回答3个关键问题，提升自己的谈判地位

> "如果你问了我不懂的问题，我就不作回答。"
>
> ——尤吉·贝拉（1925—　），扬基队教练

几年前我应聘一家小型出版公司的高级编辑职位，并成功入围。我被安排和公司副总经理见面，讨论相关问题。我先谈了几分钟自己对公司和职位的认识，接着我就问到了薪水的问题。对方微笑着说道："我从不在第一次和应聘者见面的时候就讨论钱的问题。"这一回答奠定了我们接下来整个协商过程的基调，我也从中明白了一个道理，那就是如果你想拿到高薪水，要问的绝不只是一句"薪水多少"。

问问自己以下3个重要问题，这有助于提升你的谈判地位。

问题1："我的薪水范围是什么？"

给自己定一个能接受的最低薪水标准以及自己期望的薪水。有了薪水的标准就有了谈判的空间，这有助于你和你未来的雇主就薪水和额外补贴问题达成一致意见。

在讨论薪水的时候，记住开出的条件一定要高于你对自己价值的定位。或者，按照商业专家哈维·麦凯的说法就是："关键不是你具有多少价值，而是人们认为你具有多少价值。"

当面试官说"这份工作的薪水是……"，你要流露出一丝失望的神情，然后给对方一个自信的微笑，说道："我的薪水范围是……"

如果面试官回答说："那是不可能的。"你就说：

"我不想在还没讨论完所有的问题之前就一直纠结薪水问题。"

问题2："我想得到哪些工作待遇？"

如果你还没有考虑好要求哪些工作待遇就和对方讨论入职的问题，那就等于把自己"贱卖"出去。你要想好这份工作的薪水范围、补偿方案、个人职责和将来的发展空间。在洽谈工作时，对上述问题必须做到心中有数。

除了薪水之外，你还必须考虑到在洽谈入职时需要提出的其他问题。这些问题可能包括：

- 津贴
- 奖金
- 发展空间
- 住房津贴
- 办公地点
- 绩效考核
- 加薪
- 岗位职责
- 退休金
- 解雇补偿金
- 病假
- 后勤人员
- 团队工作风格
- 工作培训
- 出差要求与补贴
- 休假
- 工作时间

当你开始洽谈入职的时候，一定要向对方提出这些你关心的问题。毕竟，如果你未来的雇主不知道你看重什么，他（她）又怎么能给你满意的待遇呢？举个例子，你可以这样说：

"除了薪水，我还想讨论一下其他几个比较重要的问题，比如说……"

问题3："我的备选方案是什么？"

如果你没能得到期望的工作待遇，这时你该怎么办？你是要坚定地主张没有商量的余地，还是因为你可能在别处找到更好的工作机会而放弃协商？并不是所有的协商结果都会如你所愿，相反，结果往往是多种多样的。

在你开始协商之前，必须明确自己的长处。比如说，你具有以下品质：

- 良好的组织能力
- 经验丰富
- 做事主动
- 能够进行自我指导
- 技术娴熟
- 及时完成工作
- 善于团队工作
- 以结果为导向
- 工作效率高
- 易于相处

因此，你最好要了解哈佛谈判项目提出的“B–A–T–N–A”（Best Alternative to a Negotiated Agreement），即“达成谈判协议的最佳选择方案”，而我称之为“备选方案”。下面就是“B–A–T–N–A”的几个例子：

- 暂时做这份工作直到出现其他的工作机会
- 尝试为目前的工作争取更好的工作待遇
- 继续找一份竞争激烈的工作
- 自己创业

你的备选方案越有力，你和未来雇主协商时的地位就会越有利。同时，你也不会轻易迫于压力而做出可能让自己后悔的决定，那就是选择这份工作。

关于协商更高薪水的5条建议

“如果只从金融方面讲，有钱是比没钱好。”

——伍迪·艾伦（1935— ），美国作家、喜剧演员一位年轻人和一位年长的女士在协商工作待遇的问题。女士说道："年轻人，我面试了十几个应聘者，最终选定了你，这说明我对你很有信心。既然你认为自己应该拿到更高的薪水，我现在决定在原来的基础上再增加 10%。"年轻人听罢往椅背上一靠，松了一口气："多谢你了，妈妈。"

即使你未来的雇主不是你的亲戚，你也可以通过协商获得更高的薪水。下面几条建议会对你有所帮助。

建议 1：让对方和你一样认为你是这份工作的最佳人选

问对方："您找到比我更适合这份工作的人选了吗？"

如果面试官回答："还没有，但是我们正在和其他几位候选者洽谈。"你可以这样回应：

"我不了解您还面试了哪些人，但是从您对这份工作的描述来看，我认为自己的确是最佳人选。"

建议 2：和对方讨论具体的岗位职责，让对方认为你还要承担额外的工作

问对方："既然我们已经非常详细地讨论过这份工作了，您应该也发现了，实际上这份工作包括的内容比我们之前讨论的要多得多，对吧？"

如果面试官说："也不完全是，我们对工作的描述都是比较概括的，通常会包括一些额外的职责。"你就可以说：

"那正是我要说的！所以我才坚持认为，我的薪水应该准确地反映出我的全部工作量和职责，您说呢？"

建议 3：拿出文件材料证明你曾经的成就，包括证明书、公司简报、所获奖项等，以证明你值得对方开出更好的条件

你可以说："您从这些文件中也可以看出来，我经常超额完成

任务。”

如果面试官说：“这些材料看起来不错，但是我怎么确定它们能说明你长久以来所有的工作表现？”你可以提出建议：

“我也想知道答案，不如您打个电话问问我的证明人吧？看她对我的工作有何评价。您需要她的电话号码或电子邮箱吗？”

建议4：请对方描述公司里的某些具体问题，然后告诉对方你将怎样运用一系列工作技能解决这些问题

对对方说：“我可以从这几个方面解决问题。比如说您刚才讲的生产－库存分配难题，我打算这样做，……”

如果面试官说：“理论上似乎可行，但是不知道实际运用起来怎么样？”你就可以这样说：

“我在上一份工作中也遇到了类似难题，当时我就采用了这一办法，效果非常好。根据您形容的情况，我认为该办法在贵公司也一定会收到同样良好的效果。”

建议5：让对方和你一样认为你值得公司给予更高待遇

问对方：“您一开始说薪水是……，但如果我的工作表现比您预期的要好，您是否同意支付我更高的薪水呢？”

如果面试官说：“这个不行，我们向来都要求聘用的工作人员拿出最佳表现的。”你可以这样回应：

“你们要求的标准很高，我也一样。难道你们不认为我的薪水应该视我的工作表现而定吗？”

你未来的雇主通常都会说服你接受尽可能多的任务，同时付给你尽可能低的薪水。当然，争取更高的薪水需要足够的自信，但如果你都不敢开口要求的话，谁还会主动付给你高薪呢？

洽谈入职时人们常犯的 7 大错误

> "我曾经富裕过，也曾经贫穷过；还是有钱的日子好。"
>
> ——苏菲·塔克（1884—1966），美国艺人

我的一位朋友向我讲述了她的一次失败的洽谈经历。当她和面试官就岗位职责和薪水进行了初步讨论之后，对方告诉她很快就能来上班了，不过在这之前，他还要向老板汇报一下二人此次讨论做出的决定。然而，两周过去了，我的朋友始终没有收到任何公司方面的通知。另外，她之前也没有和对方讨论过赔偿金的问题。

又过了一周，对方才通知她去上班。对方开出的薪水是我这位朋友能接受的最低限度，然而此时的她迫切地需要一份工作，于是便一口答应了。除此之外，在没有半点商量余地的情况下，她也同意了公司的赔偿金计划。

错误 1：直到对方发出工作邀请时再提出讨论赔偿金计划或其他要求

如果你在接受工作邀请之前只讨论了薪水问题，而把其他形式的报酬留待以后讨论，那么这会让你在协商时处于不利地位。这就好比亡羊补牢——为时已晚了。

改正方法：千万不要在讨论完工作各方面的待遇之前就接受对方开出的薪水。在洽谈开始时就将所有要求一并提出，这样你的老板就可以在第一次发出工作邀请时尽可能囊括你的所有要求。

> 你可以说："把薪水的问题往后放一放，我想先和您讨论有关公司福利、岗位职责、弹性工作时间表和其他一些问题。"

错误 2：洽谈时不要死磕某一问题，比如说薪水或职位描述

只抱着某一固定的想法洽谈入职是不可取的，因为如果你未来的老板拒绝你提出的要求，那么你就别无选择了。

改正方法：告诉面试官，你想讨论一下其他备选方案和其他的赔偿金计划。

你可以说："我也不是说非得坚持我的要求，要不看看还有哪些我们双方都能够同意的备选方案吧。"

错误 3：没有预计到对方可能会拒绝你对薪水或赔偿金的要求

应征工作相当于进行销售，即把自己和自己的专业技能出售给未来的雇主。其中一条重要的销售秘密就是在潜在买主可能拒绝购买时想好应对的方法。你可以将这条销售策略应用于协商薪水或赔偿金当中。

改正方法：事先考虑可能会出现哪些阻碍对方答应你要求的棘手问题，并准备好备选方案。

你可以说："我觉得这可能会是个问题，所以我这里还有另外一种选择方案。"

错误 4：在洽谈入职时态度傲慢或咄咄逼人

雄心勃勃、志在必得的态度是自信的表现。然而，如果你提出了特别过分的要求，或者声称自己还有好几份工作邀请，那么效果往往适得其反。记住，面试官脑袋里想的是："我（或我的同事）希望和对面坐着的这位应聘者共事吗？"

改正方法：在洽谈时语气要友好，但态度必须严肃认真。在提出要求时必须坚定自信，但不可咄咄逼人。你的目标就是让面试官知道，你希望双方可以就你提出的要求和各种备选方案达成一致意见，实现"双赢"。

你可以说："我们讨论一下各自的需求，然后就职位描述和赔偿金

的问题达成一致意见。”

错误5：不了解对方公司的需要

如果你不知道你未来的老板正面临着哪些亟待解决的问题，那么你就能难以向他（她）提出具体的解决办法。

改正方法：打探公司面临的最紧迫的问题，发挥自己的长处帮助其及解决问题。

你可以问对方：“我了解这一行业，但是贵公司也有属于自己的特殊需求。请问就我工作的岗位而言，贵公司面临的最大难题是什么？”

错误6：过于急切地接受工作邀请

俗话说：“你要知道什么时候坚持，什么时候放弃。”洽谈工作待遇时也是一样。过早地接受对方开出的条件基本上就意味着你已经在谈判桌上放弃了一部分利益。

改正方法：即使你急需一份工作，心想不管对方开出什么条件你都愿意接受，但不要把一切都写在脸上。你要镇定自若地和对方协商，直到得到你期望的薪水和赔偿金计划，然后你就可以给对方一个微笑了。

你可以说：“让我再想想。”

错误7：放弃备选方案，接受对方开出的糟糕的工作待遇（这是最严重的错误！）

“一鸟在手胜过二鸟在林”这句古话在洽谈工作待遇时并不适用。很多雇主会尽可能降低待遇水平，并希望应聘者以最低价格出售其宝贵的技能和经验。如果你同意了对方的条件，那就别指望今后对方会做出任何让步了。

改正方法：在确定备选方案时要明确一点，即就算放弃这次工作机会也不要接受对方开出的糟糕待遇。

你可以说："如果这就是您能给予的最终也是最好的待遇，我就只能说'不'了。"

如何用沉默和拖延时间争取更好的工作待遇

爱尔兰剧作家奥斯卡·王尔德（1854—1900）精通低调陈述的艺术，他是这样解释沉默的力量的："他知道那个心理上的精确瞬间，那时什么都不该说。"下一次进行入职洽谈时，你可以使用以下两种不必开口说话的策略。

1. 沉默策略

每个谈判者都知道，沉默是金。在很多场合中，你都可以通过保持沉默来巩固你的有利地位。比如，你可以在以下几种情形发生后保持沉默：

- 拒绝对方第一次给予的工作机会。你的沉默往往可以为你带来更好的工作待遇，因为沉默就等于你在无声地建议："我在等着你开出更好的条件。"
- 要求和对方进行公平的交易。这时，保持沉默就等于在说："如果你不给我一些好处的话，我也不会轻易让步。"
- 对方提出的工作待遇出奇的差。这时，保持沉默就等于在说："要想我在你们公司工作的话，你们提出的待遇就应该比这个好得多。"

2. 拖延策略

拖延是谈判中的另一大技巧，它可以帮助你争取到更好的工作待遇。有的时候你只需拖延时间，等待对方开出更高的工资或赔偿金。你可以这样说：

"关于您开出的条件里还有几处财务细节，我现在正在和我的会计

（律师、金融顾问等）讨论。”

“我和爱人还在讨论如果我选择了这份工作，家里的生活会有什么变化呢。”

有时，拖延时间也等于向对方暗示你同时在等待另一家公司的通知。你可以这样说：

“我现在还在考虑哪一家公司比较适合，所以需要多一点时间才能做决定。”

“保持常态，不露声色，这就是考验；世界会赞扬你的所作所为。”

——查尔斯·丘吉尔（1731—1764），英国诗人

为了协商得到更好的工作待遇，你首先要做好准备工作。事先自问自答几个关键问题有助于巩固你的谈判地位，争取更高的薪水。避免人们在入职洽谈时常犯的几大错误，并学会使用沉默和拖延时间这两大谈判策略帮助你得到一份待遇丰厚的工作。

第九章
利用口才成功推销

“成功售出每人每年至少用到一次的物件可以让你维持生计；而成功售出每人每天都要用到的物件可以让你成为百万富翁。”

——桑顿·威尔德（1897—1975），美国剧作家

本章学习要点：

·成功销售的 ABC 法则·如何跨过接待人员这一关·成功电话推销的 7 个步骤·3 个步骤帮你克服在电话销售中被客户拒绝这一难题·顶级销售专家具备的 12 种特征

沃尔特在纽约市经营塞尔泽矿泉水的送递业务。沃尔特将这些冒着泡泡的矿泉水装在传统的厚玻璃瓶中，然后送往客户家中，就像当年他的父亲和祖父做的那样。和沃尔特合作最久的客户是格里茨太太，自从沃尔特的父亲开始经营这一业务时她就开始订购这种气泡矿泉水了。作为一名忠实客户，格里茨太太这样说道：“塞尔泽矿泉水的品质很好，而且沃尔特已经将自身融入到这一品牌当中了。”

沃尔特的故事正验证了这一流传已久的销售格言："无论你推销的是什么产品，实际上你始终是在推销自己。"然而，如果你是初次踏入销售领域的新手又或是需要提高销售技术的老手，应该从哪几个基本方面入手呢？

成功销售的ABC法则

"世界上只有一种东西可以帮你去掉满头花白的头发，它是由一名法国人发明的，名字叫断头台。"

——P·G·沃德豪斯（1881—1975），英国幽默作家

马戏团老板P·T·巴纳姆（1810—1891）因以各种哗众取宠的行为吸引观众而闻名。这并不是说你也要靠花言巧语才能成为成功的销售人员。成功的销售活动实际上基于一个简单的ABC法则：

A = ASK QUESTIONS ABOUT CUSTOMER'S WANTS AND NEEDS（问客户到底需要什么）

销售新手通常都会犯这样一个错误，那就是还没清楚问客户需要什么就迫不及待地推销他们的产品或服务。为了避免这种情况，你要问自己以下问题：

"你面临的最大的员工问题是什么？"

"你们部门在接下来的几个月（一年、五年等）里将面临哪些主要挑战？"

"你对目前的……感到不满意？"

B = "BENEFITS" BEFORE "FEATURES"（先讲实用功能，再讲额外卖点）

一旦知道客户需要什么，你就应该让对方相信你可以帮助其解决这

一问题。很多销售新手在这里又会犯另一个典型的错误，那就是本末倒置，即在突出产品或服务的“实用功能”之前过分吹嘘其“额外的卖点”。销售专家都知道，客户只有在相信你推销的产品或服务具有实用性，能够满足其需求的情况下才有可能出手购买。

下面举例说明怎样在描述额外卖点之前突出产品的实用性：

“既然您说想要在家里安置一个经济安全的小型取暖器（顾客的需求），我这里就有一款卖得很好的产品。”

“这一款超高效率的（实用功能）取暖器制热功能强大（实用功能）。打开这一款取暖器，即使是您家中最大的房间也会变得温暖舒适，但同时它的耗电量却很低（实用功能）。还有最重要的一点，那就是这款取暖器的所有元件都置于机内，而不是暴露在外（额外的卖点），这样您用起来就更加安心啦（实用功能）！”

“这一款经久耐用的充油式取暖器（实用功能）配有自动定时器（额外的卖点）、可调控恒温器（额外的卖点）、三项变量设置（额外的卖点）和大而坚固的轮子（额外的卖点），以便于在家中随意移动取暖器（实用功能）。”

综上所述，首先你要搞清楚客户的需求是什么，然后依次向对方展示你推销的产品或服务的实用功能和额外卖点，并回答客户的种种疑问。然而想要达成交易，你还需要再进一步。

C = CLOSE THE DEAL BY ASKING FOR THE SALE（提出销售请求，达成交易）

在推销的过程中，很多销售人员常在走到最重要的一步时卡壳，那就是提出销售请求。究其原因，可能是因为害怕被拒绝、不想表现得过于急躁又或是感到尴尬。但是，如果连销售人员自己都不开口的话，那客户就更不可能主动提出要购买了，这就意味着这笔买卖极有可能落空。为了成功达成交易，你还是要“冒险”一问：

“您打算买多少？”

“我是给您包起来呢，还是您就这么穿着？”

“您是刷卡还是付现？”

“我们什么时候开始给您送货？”

“我们应该把订单寄到哪里？”

这时对方可能会回绝你（具体参见本章后面一部分的内容，“克服电话拒绝难题的三大步骤”），但也有可能出乎你预料地点头同意。

现在你已经了解了成功推销的ABC法则，接下来要做的就是学会如何应对所有销售人员的噩梦，那就是各类接待人员！

如何跨过接待人员这一关

“没有什么能比那些一边和你愉快地聊天，一边又向你胡乱要价的人还要令人生厌。”

——金·哈伯德（1868—1930），美国幽默作家

有多少次你想和未来的客户见个面，却被他（她）的助理打发走了？对于销售人员来说，跨过接待人员这一障碍永远是一大挑战。接待人员可以是秘书、助理、前台、保安等等，他们总是认真负责地为老板筛选访客，自动过滤掉那些不速之客，其中就包括上门推销的你。而成功的销售人员都懂得如何应对那些时刻保持警惕的接待人员。以下几条法则可以帮助你跨过接待人员这一关，和真正的决策者面对面说话。

礼貌待人，称呼接待人员的名字

接待人员往往会在接电话的时候告诉你他（她）的名字，如果他（她）没有主动说的话，你就应该问清楚对方的姓名，以便在电话交谈

中时不时地称呼对方。你可能要打好几次电话进行预约，接待人员才会同意放你过关。因此，你要记下对方的名字，免得过两天又忘了。

记住，态度一定要恭敬友好，请对方帮忙时一定要表达感激之情，绝大多数接待人员都会吃你这一套的。在需要他们帮助的时候，你可以这样说："达琳，我遇到了点麻烦，我想你一定会帮我的。"或者"查尔斯，你说我最好怎样和你的老板取得联系呢？"

打电话来一定要有合理的理由

带着合理的理由打电话也可以帮你过接待人这一关。面对接待人员的问题，"请问你打电话来有什么事吗？"如果你能做出以下某一回答，那么你就更有可能与未来的客户见面。

• 应同事要求：

"你好，我是××。××（部门）的海伦·史密斯让我今天给曼斯菲尔德先生打个电话。我可以直接和他说话吗？"

• 未来的客户要求你打电话：

"琼斯女士让我周一一早就给她打电话。她在办公室吗？"

• 回电话：

"我是来回复弗朗西斯科女士打来的电话的，我知道她和我一样不喜欢每次打电话都找不到人的情况，她现在有空吗？"

不该做的事

• 谎称自己是老板的朋友。
• 谎称自己与老板有约。
• 谎称自己之前与老板联系过或谈过话。

表明自己有要紧事和老板商量

接待人员的工作任务就是筛选出重要的电话让老板接听，如果你在电话中表明事态的紧迫性和重要性，那么就更有可能跨过接待人员这一关，直接和老板对话。你可以这样说：

“早上好，我是……我有事情需要立刻和你们老板说，大概一分钟就可以了。她在吗？”

“下午好，我是……这几天我一直在给你们老板打电话，我有很重要的事和她说。她现在有空吗？”

不该做的事

- 夸大事实或谎称有紧急情况。
- 恐吓、威胁或侮辱接待人员。
- 对接待人员没有礼貌，挑衅或轻视接待人员

其他注意事项

在非工作时段打电话

在正常办公时间开始的前一个小时或结束的后一个小时，或者接待人员吃中午饭的时候打电话或登门拜访。因为很多高管人员和采购经理都比接待人员早一步上班，晚一步下班，而且他们经常在办公室里吃中午饭。你可以这样说：

“你好，迪依女士，很高兴能在上班时间之前（或下班时间之后）见到你。我是 ××，在 ×× 公司工作。我能占用你一分钟时间吗？”

不要漫无目的地闲聊、夸大其词或长篇大论，浪费未来客户的时间。

记得事先发电子邮件

发电子邮件进行私人预约或在合适的时机打电话都能帮助你越过接待人员这一关。如果接待人员不愿意把老板的电邮地址给你，你可以到公司主页上碰碰运气，那里会有其他人的电邮地址。你可以试着将对方的名字代入相同的格式（比如，名字的首字母，姓@公司名称.com）。你可以在电邮中这样写：

亲爱的托马斯先生：

我是××，××公司的工作人员。本公司专注于电子商务系统集成与解决方案。下周我会去贵公司所在社区考察，因此想在下周二或周三下午与您电话联系或登门拜访。

我将占用您几分钟的时间为您展示我们的Web应用服务器的强大功能，它可以帮助解决贵公司最复杂的库存、执行和升级方面的问题。收到邮件后请回复，并告知我们您什么时候有空，是周二下午两点和周三下午三点？

我们有信心一定能够帮助贵公司实现高效的电子商务集成。

十分感谢，

（你的姓名和联系方式）

不该做的事

- 还没检查语法和拼写错误就急匆匆地将电邮发送过去。
- 给你的潜在客户发送升职信息或时事通讯等垃圾邮件。
- 不断发邮件要求对方安排见面。

送一些有创意的小礼品或物件

接待人员的职责就是将寄给老板的众多普通直邮广告拦截下来。但如果你送给未来客户的东西足够吸引对方的注意力，那么你就很有可能从接待员那一关“幸存”下来。举个例子，我有一位作家朋友写了一本关于客户服务的书，为了和未来客户取得联系，他将这本亲笔签名过的书作为礼物送给了财富100强公司的各大CEO。终于，他成功踏进了各公司业务部的大门，为自己写的书打开了销路。如果你想送一些有创意的小礼物或物件给未来的客户，你要确保它们：

- 合适且能凸显你的品位。
- 能够说明你推销的产品或服务的特质。
- 能够激发客户的好奇心，而不会弄巧成拙。

不该做的事

- 为了得到对方的回应而走极端。
- 送给对方的东西会使对方不悦或传达了错误的信息。
- 搞噱头、送豪礼，却没想过自己要做成多少笔交易才能收回成本。

过接待人员这一关对很多销售人员来说实非易事。但是一旦突破防线，你就有机会直奔未来的客户达成交易了，前提是你要知道自己该说些什么！

成功电话推销的7个步骤

> “好吧，就算是我拨错了电话号码，但你干嘛要接电话呢？”
>
> ——詹姆斯·瑟伯（1894—1961），美国漫画家

在1987年上映的电影《华尔街》中，由查理·辛饰演的巴德·福克斯是一名年轻的股票经纪人，他的工作就是通过打电话将股票出售给新客户。福克斯每天要打上几百通推销电话，然而他一直形容自己的工作性质为业务经理。他的父亲卡尔·福克斯（由马丁·辛饰演）

指出了他的错误："你的工作就是打电话给陌生人，请他们给你带来利润——对吗？……你就是个推销员啊！"

无论你卖的是什么，你都可以通过电话推销这一合法高效的手段与潜在客户打交道，增加销量。很多成功的销售专家都将电话推销纳为他们寻找潜在客户的策略之一，因为他们知道电话推销的确奏效。为了提高电话推销的成功率，你必须遵循以下步骤。

步骤 1：称呼潜在客户的姓名

你应该称呼潜在客户的名字还是姓呢？大多数商务礼仪专家建议，在不认识对方的情况下，应该称呼对方为"× 先生"或"× 女士"，除非对方让你以其他方式称呼他（她）。当你面对的客户来自美国以外的国家时，弄明白这一点就显得尤为重要了。

步骤 2：进行自我介绍

步骤 3：使用有亲和力的开场白

你可以这样说："我知道在您所在的行业中，（找到可信的卖家、落实安全守则、培训新人等）……是一项很艰巨的任务。"

步骤 4：请潜在客户给你一分钟的时间

你可以这样说："请给我一分钟的时间，让我给您介绍一下这一款可以降低营业税的软件程序。等一分钟到了的时候，如果您不想再听我说了，那就直接告诉我，我立马和您说再见。我可以继续说了吗？"

步骤 5：用不到 60 秒的时间描述你的产品或服务及其实用功能

你可以这样说："我今天早上给您打电话就是为了和您说说这一政府创新项目，该项目设计的初衷就是为了帮助您这样的企业充分利用国家的激励政策和税收抵免政策。我这里还有其他一些和贵公司类似企业选择参加我们的服务计划从而节省大笔开支的案例，您愿意听我说一说吗？”

步骤 6：提问并请对方以“是”或“否”回答，即采用“试探性成交法”

所谓“试探性成交法”就是请潜在客户就你的试探性问题做出简短的回答，其回答可以告诉你对方是否倾向于接受你的销售建议。如果对方回答“是”，这就意味着对方倾向于做出购买的决定。那么下一步就是请对方下订单或进行预约，以此真正“达成”这笔交易。如果对方回答“否”，这就意味着在他（她）说“是”之前，你还必须为他（她）的“拒绝的理由”做出合理的解释。如果你想在电话推销中采用试探性成法，你可以这样提问：

“您认为我刚才说的服务（或产品）能够帮到您吗？”

“如果您同意使用我们的新软件程序，您办公室里是否会有许多员工因此受益呢？”

“您想不想知道我们对您这样的公司有什么特别优惠吗？”

步骤 7：提出销售建议或请求预约

颇具讽刺意味的是，一些销售人员会在电话推销走到关键的一步，也就是即将达成交易时临阵退缩。对方一开始可能会提出一连串拒绝的理由，这虽然令人沮丧，但你还是要打起精神一一为其解答。但当潜在客户给予你的试探性问题一个肯定的回答时，你就不要再犹豫不决了，直接开口建议对方购买你的产品或服务，或者要求和对方预约。你可以这样说：

“太好了！我就知道您肯定会喜欢这一款产品。您具体需要多少？”

“我很高兴您能喜欢我们的设计和计划。您认为什么时候开始动工好呢？”

如果你认为潜在客户说了“否”就等同于为你的推销过程画上了句号，那么你必将失去达成交易的机会。然而，如果你知道如何克服电话拒绝这一难题，你就能让对方回心转意，同意你的建议。

3个步骤帮你克服在电话销售中被客户拒绝这一难题

> “如果你一开始没有成功，那就再试一次、再试两次，然后放弃。没有必要为这变成傻瓜。”
>
> ——W·C·菲尔兹（1880—1946），美国喜剧演员

如果当你提出预约或购买的建议时，你的潜在客户总是说“好的”，那将是多么令人开心的事情啊！当然了，这样的好事想想就行了，实际上是没有可能发生的，因为很多潜在客户都喜欢找这样那样的借口拒绝你的提议，而且在听腻了各种商品狂轰滥炸式的宣传后，对方会习惯性地产生抵触的情绪。他们会拖延时间、避而不做决定或者就等着你自己识趣地离开。为了克服电话拒绝这一难题，你可以按照以下三步走：

步骤1：复述一下对方拒绝的理由，然后加上“但是”一词。

步骤2：就对方拒绝的原因做出回应。

步骤3：再次提出销售建议或要求预约。

复述对方拒绝的理由表明你是在认真地倾听。加上“但是”一词表明你并不打算放弃，而是要对对方拒绝的理由做出回应。再次提出销售建议或要求预约表明你不会轻易被人用“不”这个回答就打发了。

下面是人们经常会用到的拒绝理由，你可以这样作答：

客户拒绝的理由：“我的预算被削减了。”

你可以说：“很抱歉你的预算被削减了，但是（步骤一）……我可

以和您一起想办法，帮您节省开支（步骤二）。我们周一吃过中饭见个面吧，两点可以吗？”（步骤三）

客户拒绝的理由："我现在已经有供应商了，谢谢。"

你可以说："我知道您现在的供应商一定做得不错，但是（步骤一）……我这里有一系列独家产品，你从别人那里进不到这样的货（步骤二）。要不我给您寄几个样品，让您看看它们到底怎么样，好吗？”（步骤三）

客户拒绝的理由："我不想浪费你的时间。"

你可以说："谢谢，我也不想浪费我的时间，但是（步骤一）……我可以在三十分钟内向您展示我们的库存控制软件是怎样工作的（步骤二）。我想在周三上午八点钟到您的办公室拜访，到时我会带上甜甜圈和咖啡，在您的电脑上演示软件是怎样工作的。我保证在九点前结束一切，离开您的办公室。”（步骤三）

客户拒绝的理由："我现在很忙！连一分钟都抽不出来了。"

你可以说："我知道您的时间非常宝贵，但是（步骤一）……我想请您周二一起吃个中午饭（步骤二），到时我将向您演示我们的最新产品是怎样将生产时间减少 30% 的，您说可以吗？”（步骤三）

当潜在客户犹豫不决时，你可以这样说：

"您对我刚才说的程序（解决办法、软件包、价格等）有什么不满意的部分吗？"

"关于我的提议，您认为哪里不妥？"

"您为什么要拒绝这样一个可以帮您节省包装成本的好机会呢？"

拨通潜在客户的电话、顺利预约、推销你的服务或产品并建议对方购买，这就是成功推销的各个步骤。

现在，你已经做好准备跨入顶级销售专家之列了吗？

顶级销售专家具备的 12 种特征

在英国广播公司（BBC）的一场电台访问中，英国籍发型设计大师维达·沙宣（1928—2012）引用了他老师的一句话："只有在词典里，'成功'才是存在于'工作'之前的。"没错，成功的确来之不易。对顶级销售人员来说，他们通常能够做到以下事情：

- 在推销产品或服务之前先进行试探性的提问。
- 将推销过程 80% 的时间用于倾听，20% 的时间开口说话。
- 关注解决问题的方法，而不是推销本身。
- 强调所推销产品或服务的实用功能。
- 言简意赅地传达销售信息。
- 在产业大会上表现出自己的专业性。
- 在商务和社交场合中积极寻找潜在客户。
- 和同事分享自己的销售目标以及达成这一目标的计划安排。
- 推销失败时及时调整推销方案。
- 将自己定位为潜在客户的有用资源。
- 让客户相信自己可以为他们源源不断地提供各类信息，帮助他们提高利润、生产力和竞争力。
- 及时告知客户哪些行业规定发生了变化。

你具备"最佳销售人员"的素质吗

一直以来，关于成功的销售人员应该具备哪些技能、特质和态度，人们的说法不一。身为销售大师和职业演讲大师的沃伦·格莱士笃信电话推销，他曾说过："不要计算客户说了多少个'是'，你要计算的是客户说了多少个'否'。"另一位杰出的销售人员兼职业演讲者罗恩·卡尔著有《泰坦原则：成功销售的第一秘诀》一书，他在书中写道："成功的秘诀就是提出足够多的合适的问题。”纽约最大的住宅房地产公司柯克兰公司的创始人芭芭拉·柯克兰曾这样形容她麾下的顶级销售人员：“他们懂得吃一堑，长一智的道理。即使摔得很重，他们也能迅速重新站起来。”

> “一事成功万事成。”
>
> ——谚语

为了取得销售事业的成功，你应该少说话，多倾听。了解客户的需求，展示产品的实用功能，并达成交易。度过接待人员这一关和电话推销是不小的挑战，然而正是有了这些挑战，你才会发现持之以恒的精神和随机应变的能力会给你带来怎样的高薪回报。

第十章

通过人脉建立业务联系

“如果你想融入社会，就必须接受他人教育你很多你已经知道的事情。”

——乔安·卡斯帕·拉瓦特尔（1741—1801），瑞士诗人

本章学习要点：

· 4 个简单步骤建立人脉 · 商务活动和社交活动中的礼仪规范 · 进行后续联络的 7 种方法 · 与高层人士交往的 7 大升级版策略

“建立人脉”是每个销售人员笃信的口号。而且事实证明，人脉的确可以为你的成功之路添砖加瓦。无论你身在商务研讨会、社团会议、健康俱乐部还是酒会，建立人脉关系都可以帮助你增加与他人的业务联系，推动你的事业踏上一个新台阶。无论你是总管、销售人员、副总经理还是刚毕业的大学生，你所掌握的社交技巧就是你最宝贵的营销工具之一。现在就打破沉默，启动社交模式吧。

4个简单步骤建立人脉

"我清楚地记得你的名字，但是我想不起来你长什么样子了。"

——佚名

一位自命不凡的年轻商人认为自己在记忆人名方面很有天赋，但在一次扶轮社交际活动中，他却想不起来另一位会员——苏特先生的名字，这让他尴尬不已。

"你会想起来我的名字的，"苏特说道，"只要你想着我就是那个穿着大号西装的人就行了。下次聚会的时候，你看到场上最高大伟岸的那个人就是我，到时你就记起我是谁了。"在不久之后的第二次聚会中，年轻人又看见了这位身材魁梧的苏特先生，他立马迎了上去，说道："晚上好，巴特先生。"

戴尔·卡耐基说的那番话无疑是正确的，"记住一个人的名字对他来说是所有语言中最甜美的一种。"但是你千万别喊错了人家的名字！

步骤1：进行自我介绍，并询问对方的姓名

当你首先进行自我介绍时，不要担心不知道接下来应该说些什么。你要做的是在接下来的5秒钟内，先大声地复述然后在心底默念对方的姓名。现在，仔细回想一下自己的朋友、亲戚、邻居或公众人物当中有没有谁的名字和对方的名字一样或相似。（这是我最拿手的记忆人名的方法。听起来好像有点奇怪，但是的确很实用！）在结识新朋友的时候不要分心，记清对方的名字，尽快建立融洽的关系。

你希望：

- 结识对方

- 有意了解对方
- 记住并随后称呼对方的名字
- 建立融洽的关系

步骤 2: 寻求信息

商务人员最喜欢谈论的话题是什么？答案就是他们自己，这也是意料之中的事。永远要记得在宣传自己的产品或服务之前，给对方一两分钟的时间说说他们自己感兴趣的事：

- 让对方说明自己的需求
- 给机会让对方自我感觉良好
- 让对方相信你对他们说的话很感兴趣、在认真倾听
- 找到将来可以与之发展商务关系的人

向对方提出几个封闭式问题和开放式问题，展开谈话。利用这些问题将你们谈话的内容转向与你专业相关的话题。比如说：

"您是这个组织的成员吗？"（封闭式问题）
"您具体负责哪一块儿的工作呢？"（封闭式问题）
"您是做什么生意的呢？"（封闭式问题）
"您觉得这次活动最有意思的地方是什么？"（开放式问题）
"您的产品特色是什么？"（封闭式问题）
"您认为这一行业在未来几年内的发展前景如何？"（开放式问题）

步骤 3: 准备你的"电梯演说"

在对你的谈话对象有所了解之后，你要做的就是准备"电梯演说"了。所谓"电梯演说"就是用精炼、贴切的语言地描述自己的工作性质，讲述自己的工作如何惠及他人。举个例子，每当和别人聊了一分钟之后，或当对方问起我的工作时，我通常都会说："我就是一个小小的对话专家，

专门给他人提供更好的人际沟通技能，以此提高个人或企业的利润或生产力。”

这样的演说只需寥寥几句，你完全可以在电梯上下运行的几十秒内表达清楚。无论你身在何处，只要你希望结识他人或与他人交流，你都可以发表自己的电梯演说——就算真的是在电梯里也可以！

你的目标就是激起谈话对象的兴趣，接下来就可以简要地描述你将如何为对方带来收益。

你希望：

- 透露出自己可以帮助对方的信息
- 简要地说明自己的工作性质和工作方法
- 激发对方的兴趣和好奇心

步骤 4：在结束谈话时提出建议和请求

在结束谈话之前，记得交换双方的名片，并提出以下建议：

- 寄送后续材料。你可以说：

“要不我寄一份我们的专题报告给您吧？”

- 为对方引荐你的同事。你可以说：

“我认识一个人，他应该很有兴趣与您合作。”

- 帮助对方解决问题。你可以说：

“有问题打电话给我，我可以带您浏览会计程序的设置过程。”

精明的生意人都知道，人际交流是一条双行道。因此，你也完全可以提出请求：

- 约定时间讨论合作问题。你可以说：“看样子我们有不少机会可以合作，到时双方都可以获利。我可以在下周早些时候打电话给您，讨论一下合作的问题吗？”

• 预约见面。你可以说：“我到时候会带一些样品到您办公室来，周二早上可以吗？”

• 请求对方为你介绍资源（如果你认为对方打心底里乐意这么做的话）。你可以说：“我想联系几个对我的业务感兴趣的人，您手头上有资源吗？”

• 请求对方为你引荐。你可以说：“我很想和……见面，您介意帮我引荐一下吗？”

只要你按照以上四步走，建立人际关系网也并非难事。然而，你必须认识到，商务网络和社交网络中的礼仪规范是有所不同的。

商务活动和社交活动中的礼仪规范

> “如果这里还有我没侮辱过的人，我请求他的原谅。”
>
> ——约翰尼·勃拉姆（1833—1897），德国作曲家

你在商务活动或社交活动中有没有遇到过这样的人：你已经和他（她）聊了差不多一分钟，但你发现对方的目光已经不在你身上了，而是在室内各处游移。你转过去想看看他（她）到底在看谁，结果对方来了一句：“认识你很高兴，我要过去和那边一位朋友打招呼了。”

显然，你刚刚被一名“社交猎手”抛弃了。所谓“社交猎手”，就是指为了与心中的目标人物建立联系而甘愿做任何事的人。尽管商务网络和社交网络中的礼仪规范有所不同，但无论你身在何处，无礼的行为都会让他人生厌。下面的方法可以帮助你在建立人际关系网时避开“无礼”的雷区。

商务活动中的礼仪规范

聪明人会在商务活动中建立自己的人际关系网。你可以很快将话题转移到你所擅长的专业领域内，比如说你的产品或服务是怎样惠及客户、组织和企业的。但是，千万要注意素质，在商务场合与人交际时，应该避免如下错误：

• 不要乱嚼舌根，把同事的个人秘密或企业的内部机密透露出去。

只要你违背了这一规范，哪怕只有一次，别人都不会再告诉你机密信息。如果有人套你的话，你一定要立场坚定地说：

“不好意思，这是机密。”

• 不要在背后说你的竞争者的产品或服务的坏话。

谨遵这条格言：“如果没有什么好事可以说，那就干脆闭嘴不说。”对竞争者的恶意评论会让你显得小家子气、不够专业。

你可以这样说：“很多企业都提供咨询服务，但是我们公司的服务绝对与众不同，因为我们……”这样一番话就可以让你的公司从其他一群竞争者中脱颖而出。

• 不要把自己或自己的业务挂在嘴边说个不停。

有些人在商务活动中喜欢滔滔不绝地吹嘘自己或自己的业务，这类人不仅会让他人感到枯燥乏味，而且也很难与他人建立真正有效的人际关系。

你可以这样说：“现在您已经对我有一点了解了，我想知道更多关于您和贵公司的情况。”

• 不要强行推销。

虽说你可以索要对方的联系方式或与对方预约，但你绝不可以表现出咄咄逼人的气势。如果你向对方施压，要求对方购买你的产品、为你安排见面或为你引荐他人，那么你们刚刚建立起来的关系将很快被扼杀于摇篮之中。

你可以这样说："我能在下周给您打电话聊几分钟吗？"

• 在安排私下见面时不要过于强势。

很多商务人员喜欢和他们的客户、熟人私下聚会，但是你在发出邀请时一定要记住，自己发出的只是邀请，而不是命令。

你可以这样说："我已经邀请了几位客户和熟人下周六晚上到我那里小聚，到时候一定很好玩。您来的话不仅可以尝尝我们准备的美食，还可以结识一些有趣的朋友。如果您来的话请在周三前给我打个电话。"

社交活动中的礼仪规范

社交活动是建立人际关系网的绝佳机会，前提是你必须掌握正确的方法。在开口谈业务之前，你可以先谈谈大家都感兴趣的、宽泛的话题。在社交活动中应避免犯以下错误：

• 不要还没和对方混熟就开始推销自己的产品或服务。

大多数人参加聚会是为了结识朋友、找乐子，他们并不想在这样一个美好的时刻听你卖保险、推荐投资项目、推销产品或服务。

该做的事：围绕各种话题随意地聊聊天，比如运动、电影、旅行、饭店、烹饪、爱好、音乐、书籍、共同的朋友、流行文化或商业报道，以此拉近彼此的关系，为你的"电梯演说"做好铺垫。修饰一下你的演说稿，不要给别人一种"我在工作"的感觉。

• 不要给所有人派发商业名片。

有些人的表现就像那些在狂欢节的戏院门口招揽观众的人一样，这样的行为会让屋内所有的人感到不悦。结果他（她）很有可能在聚会中落单，没有人愿意和他（她）说话。

该做的事：只把商务名片派发给那些对你的产品或服务感兴趣，或者希望和你取得联系的人。你可以这样说："既然您开口了，这就是我的名片。您可以打电话给我。"

• 不要强迫人们讨论工作上的问题。

带着急功近利的心态与他人建立联系很可能让你失去潜在客户，并让你失去进一步合作的机会。如果你想知道对方是否愿意和你讨论工作问题，你可以一步步地把话题引向那个方面。如果对方有意回避这个话题，你可以提出建议，说过几天给对方打电话。

你可以这样说："萨拉说您现在需要……我就是做这个的，或许我能帮得上忙。现在好像不是谈论这个问题的时候，如果您愿意的话，我下周给您打电话。"

• 不要忽视那些看上去不像潜在客户的人。

"社交猎手"们游走于各种派对和社交聚会活动当中，寻找潜在客户。当他们认为你不会购买他们的产品或服务，也就是说你并不是其潜在客户时，他们会迅速地甩开你寻找下一个目标。

该做的事：对于遇见的每一个人，你都应该进行至少几分钟的友好交谈，因为你绝对不会知道对方有什么样的人脉，或者你将如何帮上对方的忙。你可以这样说："我喜欢和您这样的人聊天，因为我总能在你们身上发现有趣的话题。"

• 如果有人想向你讨教或打探消息，不要给人脸色。

当人们在聚会上遇见律师、医生、会计师、股票经纪人或其他专业人士时，自然而然地会向对方讨教。出现这种情况时，你应该把对方流露出的浓厚兴趣当做对你的恭维以及潜藏的商机。

该做的事：提供免费的建议，然后说："当然了，如果想让我给出最好的建议，我就必须进一步了解您的有关情况。您可以打我办公室的电话或者把您的号码告诉我，我来打给您。到时咱们再聊。”

现在，你已经知道该如何结识他人、建立人际关系和业务上的往来。这时，你一定要趁热打铁，千万不要在建立后续联络这关键的一步掉链子。

进行后续联络的7种方法

> “机会（名词）：一个可以让人体会到失望的最佳场合。”
>
> ——安布鲁瓦斯·比尔斯（1842—1914），美国作家

伯利恒钢铁公司的前任总经理查尔斯·M·史库韦伯就曾经差点错失一次良机。这位大富翁说道：“之前我有个很重要的电话要打，但我一直拖了九个月才想起来。于是我决定第二天上班的第一件事就是打通这个电话。就是这样一通电话让我们谈定了一笔净赚两百万美元的订单。”

当然，不是每一次与他人联系都会给你带来一笔大订单，但是通常来说，越早和对方取得进一步联系越好。有些人走到这一步需要付出比他人更多的时间和花费，但是从长远的角度看，其付出很有可能带来丰厚的回报。下面是在活动中结识他人后建立后续联系的七种方法。

1. 给对方写一封简短的信件或给对方发送电子邮件

在活动结束后可以给对方写一封简短的信。这一举动说明你很高兴认识对方，并且愿意与对方保持联系。信的内容不宜过长，言语友好即可。你可以这样写：

“很高兴上周和您在……见面。上次的活动真是太精彩了！我很期待与您再次见面，希望您也有此意愿。我们可以保持联系，如果您或您的熟人需要……（产品或服务），请打电话给我。当然，如果我有需要的话也一定会联系您的。”

注意：无论你是通过传统的邮寄方式寄送信件还是使用比较随意的电子邮件，记得在发送邮件之前检查有没有拼写错误，千万别写错了对方的姓名！

2. 给对方寄送文件或其他有用的资源

这是另外一种与新结识的人建立后续联络的方式，你可以寄送给对方一篇相关的文章、电话号码、网页或任何有价值的商务资源。注意，要提供给对方简短、有用的信息。你可以这样写：

“这就是我答应过要给您的文章（网址、电话号码等）。我希望这会对您有所帮助。我们可以保持联系，如果您或您的熟人需要……（你的产品或服务），请打电话给我。当然，如果我有需要的话也一定会联系您的。”

3. 写信感谢对方给你的建议

很多销售人员在结交新朋友的时候都会向对方咨询一些问题，希望得到对方的指教。这一做法非常明智，因为你可以根据他们的回答分辨出哪些人对你来说是有用的资源，同时你可以回复对方一封简短的感谢信，表达对对方所给建议的感激之情，以此开始你们的联络关系。你可以在感谢信或电子邮件中这样写：

“我已经接受了您的建议，和……一起……（参加电脑培训等）。我们已经约好了下周讨论合作的事情。我有三个客户最近要找……（销售代表等），我已经把您的名字告诉他们了。如果您在业务上有任何（法律、财务等方面）……的问题，或者有用到我的地方，就给我打电话吧。咱们常联系。”

4. 在事业上帮对方一把

如果你觉得和对方一见如故，就可以将对方介绍给你的同事、目标客户或卖家。你可以尽力帮助对方达成其目标。

5. 引荐客户给对方

毫无疑问，与对方进行后续联络的最佳方式就是为其引荐客户。试想一下，如果你说出以下这番话，对方将如何感激你：

“我认识一个人，她可能会对您的产品（或服务）感兴趣。我把您的情况和她说了，对方很想和您当面谈谈。您可以打个电话给她，方便的话让我知道你们谈的结果怎么样。当然了，如果您或您认识的人需要……（你的产品或服务），请推荐给我，本人感激不尽。以后咱们还可以继续合作啊。”

6. 送对方一份礼物

没有人会抗拒别人寄到他们手里的礼物。如果你手头上有产品的样品或和你业务相关的小礼物，就请毫不犹豫地寄给对方吧。比如说，我就经常把自己写的书送给刚结识的人。没错，送个礼物花不了多少钱，但却可以给对方留下深刻的印象。如果对方或其认识的人需要相关的产品或服务，那么他们第一个想起的人很可能就是你。

记得送礼物时附送留言：“如果您或您认识的人需要……（你的产品或服务），请给我打电话。如果有我帮得上忙的地方，可以给我打电话。咱们常联系。”

7. 把对方的名字保留在收件人名单上

有时，积累的人脉会在很久之后才给你带来回报。举个例子，我认识一位健身顾问，她长期向她在健身俱乐部认识的某会议策划人寄送最新材料、明信片、相关文章和促销信息。五年后，对方在一次演讲中启用了这位健身顾问，她的耐心终于等来了回报！

谈到和新结交的朋友保持后续联络，关键就是要知道，坚持就是胜利！有的时候对方并不会给你带来直接利益，而是通过为你引荐他人或其他方式帮助你。就算做不成生意，还能做成朋友。我认识一位女士，她就和自己在某次会议上结识的一位男士结婚了！

与高层人士交往的 7 大升级版策略

> “请客吃饭有助于做生意。”
>
> ——威廉·斯科特（1745—1836），英国律师

当你有幸参加某宴会、筹款活动或其他备受瞩目的社交活动，游走于众多身处高位、颇具影响力的嘉宾之中时，你或许会认为自己需要更高段位的手段与这些人交往。你可以在和别人聊天时收集有用的信息，这些信息总会对你有用。当你有机会和某些高层人士交往时，你可以使用以下几大升级版策略。

1. 拿到你即将参加的活动的嘉宾名单、成员名单或小组名录。上网搜一下活动组织方、参与嘉宾以及你希望结识的人士，获取相关信息。
2. 给特邀发言人发送一封简短的电子邮件，告诉对方你非常期待这一次盛会，希望可以结识对方。你可以就关心的事项询问对方。（你可以向主办方索要发言人的电子邮箱，或者查找网上的百页电话簿。）
3. 浏览嘉宾的主页或其所在公司（组织）的主页。查找提到过该公司、个人或所在行业的近期文章。将这些文章打印出来，仔细研读，准备在活动中和对方讨论这些话题。
4. 请主办方或小组某成员为你引荐两三名可能与你展开合作的嘉宾。比如说，在聊了几分钟后，你可以问对方：“您介意为我引荐几位同事吗？”
5. 告诉你新结识的朋友，你对他们的工作、取得的成就、所在行业甚至最热衷的慈善活动都十分了解。你可以这样说：

“我很想听您说说您最近参与的……（正在进行的项目）”

“您是怎样开始这项事业的？”

6. 向对方提问，寻求其意见，然后认真地倾听，让对方有自我表现的机会。很多成功的商务人士都喜欢为他人在发展事业的道路上指点迷津。你可以这样提问：

“对于一个选择了您所在的行业，事业刚刚起步的新人，您能给点什么意见吗？”

7. 告诉对方你想给对方送点什么有用或有趣的小东西，接着就可以向对方索要名片或地址，这也是你奉上名片的恰当时机。

> “重要的不是你知道什么，而是你认识谁。”
>
> ——谚语

建立人脉可以帮助你有效地寻找新客户、建立合作关系、发展互惠事业，而且让你乐在其中。如果你愿意结识新朋友、多多与人聊天、积极进行后续联络，你也可以成为一名成功的社交高手。

Words That Win

第二部分　消费者篇

What to Say to Get What You Want

"你在律师事务所的时候是单干还是和其他人搭档或合伙？"（单干的律师可能会更致力于你的业务，但是在必要的时候，与其他人搭档或合伙的律师通常拥有更多资源和后援支持。）

"你是某个法律领域的专家吗？"（对于[illegible]律师来说尤其是自己单干的律师，这点尤为重要。相比较而言，专攻某一法律领域的律师一般在面对复杂问题时更能给出高明的建议。）

"你有多少法庭经验？"（如果你有可能出庭受审的话，请确保自己的律师有足够多的法庭经验。）

"你最近的案子里有多少是和我这个案子相关的？"（这样你可以了解你的律师对处理你这类案子有多少经验。）

2. 收费标准

谈及律师费的问题时，你必须一定要问清所有细节。你可以这样问：

"你的收费方式是怎样的？"

"有文件准备费吗？"

[illegible]

[illegible]

[illegible]

[illegible]

3. [illegible]

律师和客户之间的误解时常伴随着双方工作关系的开始而产生，因[illegible]

[illegible]

第十一章
通过投诉获得更好的服务

“买者要具百只眼，卖者一只已有余。”

——谚语

本章学习要点：

· 成功投诉的 ABC 法则 · 如何在饭店得到优质服务 · 如何在预订酒店客房时得到优质服务 · 普通消费者投诉与行动办法 · 怎样要求退款 · 当其他方法都失败了，你该怎样做

我对客户投诉与服务的所有了解都来自于我的母亲。在我十岁的时候，母亲对我解释了她的商品退换政策，总结起来很简单：“如果买的东西不好，就把它拿回去。要么换货要么退钱。”

在我们搬家后不久，我便有了一个机会可以验证母亲的说法。某天，母亲对我说，“唐，帮我把这块干酪拿回那个商店，然后叫经理出来说话。告诉他你是楚德 · 加博尔家的孩子，这块干酪不新鲜，你要重新拿一块。别忘了，要说‘请’和‘谢谢’。”

自那以后，那家商店的经理就认识我了，不管我提出什么要求，他们都会尽力满足。就连理发师都知道要把我的头发剪短一点，不然等我回家以后又会被妈妈叫着回到理发店再剪一次头发。

早在童年就形成的消费者维权意识让我这么多年来受益不少。时至今日，当买到或收到不满意的商品时，我都会二话不说退回去。我就说："请帮我把经理找来。"（心里默念："我是楚德·加博尔家的孩子。"）然后：我会说，"我想换另一件商品（或退款）……" 这么多年以来，我的要求从没被对方拒绝过，而我也总不忘对对方说"谢谢"。这真是多亏了我的母亲呀！

成功投诉的 ABC 法则

> "会哭的孩子有奶吃。"
>
> ——谚语

如果你和很多好说话的人一样，从没抱怨过商店、饭馆、酒店或其他营业场所提供的劣质服务，这并不代表你不想得到优质服务，只能说明你不想闹事、不想被人说小气、不想与人争论或不想害某个小职员被解雇。讽刺的是，你的种种顾虑，或者说是缺乏果断，反而助长了很多不良奸商的嚣张气焰，让更多消费者深受其苦。

A = ASSERT YOUR RIGHTS TO GOOD SERVICE（捍卫自己得到优质服务的权利）

如果你不好意思抱怨对方差劲的服务，只要记住这一点就可以了：作为花钱消费的顾客，当以下情况发生时你有权大声地说出你的不满：

- 产品不能正常使用、被损坏或没有按要求送达。

- 服务人员态度粗鲁，随意打发顾客或做事毛手毛脚。
- 端上来的饭菜不是热的，或者没有满足你的合理预期。
- 饭店或酒店没有保留你的预定，或作虚假宣传。
- 商店没有做广告时宣传的商品。

做个果断的人对你来说很难吗？

在需要你果断行事的时候，你是否感到焦虑不安、手心冒汗？当商家为你提供劣质服务时，你是否会因为害怕被人说是存心找事儿或害怕和人争论而不敢大声说出你的不满？

如果你的答案是肯定的，那么请记住以下几点：

- 你不该受到这样的待遇，你应该站出来为自己说话。
- 你有权抱怨对方提供的劣质服务。
- 如果你主动提出自己的需求，就更有可能得到满足。
- 坚决果断地投诉对方并不代表你就是存心找事儿的人——这只能说明你是一个勇于维护自己权益的人。

B = BE CALM, FRIENDLY AND POLITE, BUT FIRM（镇定、友好、有礼貌，但态度要坚定）

面对差劲的服务，你一定感到非常失望，于是你便忍不住想大骂面前这个老板着脸的服务员或做事毛手毛脚的工作人员又或是一脸心不在焉的客服代表，但这样做对你来说没有什么好处。正所谓“甜言蜜语三冬暖，恶语伤人六月寒”，在很多情况下，尖酸刻薄并不能为自己博得什么。下面的几条小贴士可以帮助你在投诉的时候保持冷静的态度：

- 询问、重复并写下与你说话的人的姓名。
- 语气平和。
- 千万不要“出口成脏”骂对方。

• 面带微笑，多使用“请”“谢谢”“感谢你的帮助”这类用语。

• 在声明自己要进一步行动之前耐心等待，看对方如何处理你的投诉。

注意：如果你投诉的对象无视你的存在或仍态度恶劣，你可以说：

“我要和你们上级说话。他（她）叫什么名字？”

C = CLARIFY THE PROBLEM AND SAY WHAT WOULD SATISFY YOU（讲清楚问题所在，说明怎样才能让自己满意）

面对劣质服务，有两类人的投诉必将无果，一种是喜欢暗自讽刺还以为自己说话高明的人，另一种就是连自己对什么不满意都说不清楚的人。相反，如果你能明确地表达自己的不满，这样对方的经理或客户代表就能立即改正他们的做法。下面教你如何清楚地陈述问题。

• 用一两句话说明投诉的问题。句子越短越好，比如说：

“总而言之，我对上周在你们这里订的花十分不满意。”

• 不要夸张，也不要情绪化，讲明自己具体是在哪一天接受了劣质服务、一共消费了多少钱、具体过程如何、对方的姓名和说过的话。比如说：

“上周一我订了一份35美元的花束作为我岳母的生日礼物。我特意说明了要花期长的花，结果送来的花两天后就凋谢了。”

• 无关紧要的细节和双方过激的言辞不提也罢。

• 说明在问题出现前你预期的情况是什么样的。记得要谈及当时和你说话的人和之前为你服务过的人的名字。

• 以积极的态度结束投诉，表明如果对方可以帮助你解决问题的话，你还是会到他们这消费的。

掌握上述的ABC法则可以帮助你获得更好的服务。只要你足够尊重对方，大多数经理和客服代表都乐意尽其所能帮你解决问题。记住，大多数错误的发生都不是对方刻意为之的，而且大多数商家都愿意尽快改正错误。但问题是，你要如何在一开始就得到优质的服务呢？

如何在饭店得到优质服务

> "如果这是咖啡，那就给我倒杯茶；如果这是茶，那就给我倒杯咖啡。"
>
> ——亚伯拉罕·林肯（1809—1865），第16届美国总统

几年前，我和妻子在我们最喜欢的一家纽约市的饭店里经历了一次不愉快的用餐体验，于是我写了一封信给这家饭店的经理。信的开头是这样写的：

> 亲爱的××先生：
>
> 可能是因为我和妻子在过去的十二年来享受了贵饭店太多次美好的用餐体验，才会在今年情人节那天对你们饭店的服务感到失望。

没有怒气冲冲也没有夸大其词，我解释说真是因为我和妻子对那家饭店的感情太深才会在情人节那天感到失望。饭店经理两天后给我打来了电话表达他的诚挚歉意——他没有找任何借口。除此之外，他还向我们发出邀请，让我们作为他的座上宾前去饭店用餐。他说："我们希望能留住你们夫妻。菜单上的菜你们可以随意点，这餐我们饭店请了！"

到饭店用餐的顾客投诉问题主要集中在服务速度慢、上错菜和饭菜口味差三方面。一般来说，明事理的饭店经理或老板都会在问题发生后站出来将其解决，但前提是你要明确说出你的不满。

麦克·艾尔伯特是 John's Restaurant 的饭店经理，这也是我在纽约市最爱光顾的意式餐厅。我曾问过他是怎样应对顾客投诉的，他对我说："大

多数问题都很好解决，但如果饭店经理并不知情的话，那就难说了。”麦克建议对用餐体验不满意的顾客这样做：

• 当你发觉到问题时，比如服务生上错了菜、菜品没有按照你的要求准备、没有给你预留合适的位子或服务生态度不好等，你应该立即用眼神示意或打手势示意（不要用食指指着人）服务生或经理到你这边来一下。如果服务生都在忙自己的事没注意到你，你就直接起身去找经理。

• 面带微笑，用冷静、有礼貌的口吻说：

“我们点的菜（我们的座位、招待我们的服务生等）有点问题。请帮我解决一下好吗？”

• 当对方问你：“有什么问题吗？”你应该解释一下你感到不满的理由，注意语气不要太冲。你可以这样说：

“我原来在这里点……（食物）的时候，都很合我的心意，但这次有点问题。你能帮我换一盘吗，请和厨师说一声，一定要……麻烦你了，谢谢。”

“我想你们弄错了。我点的是……，而不是……。请把这个端走吧，谢谢。”

“这个位子太靠近厨房了，会影响我们用餐的心情。麻烦你帮我们安排一个安静点的角落可以吗？麻烦你了，谢谢。”

“不好意思给你添麻烦了，但是你们饭店的某些员工对待顾客的态度太恶劣了，我想你作为饭店经理，不会坐视不管的。”

• 你可以等几分钟，但是不要等太长时间。你可以说：

“麻烦你帮我们快一点找一个更合适的座位，谢谢。”

在提出要求后，耐心地等待对方为你重新上菜或安排新座位。服务生可能需要一点时间才能帮你解决问题。如果等待的时间过长，你可以向服务生微笑示意，对方很可能就会把你的事放在心上，很快帮你解决。

如何在预订酒店客房时得到优质服务

> “所谓24小时客房服务指的就是要过24小时你订的鸡肉三明治才会送到你手上。这一点着实让人感到沮丧，尤其是当你订了炒鸡蛋的时候。”
>
> ——弗兰·赖博维茨（1950—　），美国幽默作家

喜剧演员鲍勃·霍普住过的大小酒店无数。在一次表演中，他又拿自己目前居住的酒店开起了玩笑：“我的房间太小了，连耗子都要缩着肩膀才能挤进去。”

巧的是这家酒店的老板此刻正坐在观众席中，他对霍普的无心快语很有意见，扬言如果对方不收回自己说过的话，他就要诉诸法律手段。第二天晚上，霍普在表演开始前就向该酒店做出了道歉：“很抱歉，我上次说酒店的老鼠都是缩着肩膀进去的，实际上它们不用缩着肩膀也能挤进去。”

出门在外的人，尤其是长途旅行的人都知道，有些酒店的服务实在让人不敢恭维。要么就是你的客房预订被取消了，你只好去找另外一家酒店；要么就是到了以后才发现自己预定的“套房”原来和一间杂物室一样大。更糟糕的是，当你要求客房服务时，对方要磨磨蹭蹭好几个小时才来。最让人恼火的是，你发现自己多付了很多不必要的费用。

当然，大多数酒店都会尽力为客人服务，但是的确有一些方法可以确保你少花钱享受更好的服务。你可以通过以下方法得到更优质的酒店服务：

- 每隔几周给酒店打电话询问价格。根据不同的淡季、旺季和酒店所在地可能举行的活动，其房价每天都会有所变化。你可以询问对方：

“你们今天……价格是多少？”

• 询问打折促销活动和团购特价活动，比如面向美国汽车协会成员、美国退休人员协会成员、与会人员或其他规定人员的团体折扣。你可以这样说：

“你们现在有什么促销活动或团购活动吗？”

“你们还有什么优惠吗？”

通常情况下，酒店的销售代表会给你提供免费早餐或当地活动的通行证，但前提是你要向对方提出要求。

• 问清楚“房间具体有哪些设施？”或“你能给我详细地描述一下房间的情况吗？”

• 最后，一旦决定要订房，你就要拿到对方的确认书。如果出现酒店超量预订的情况，即使你住不上这家酒店，持有确认书也可以让对方为你在附近酒店安排一间更高档的房间。

• 在住进酒店前三天打电话确认预定的情况，了解是否有价格变动。如果价格降低了，你可以取消之前的预约重新预订或者根据价格变化要求记账。（注意查看取消预订的规则，一般需要提前24至72小时取消。）

• 如果可能的话，和酒店经理多打交道。已经确认过的客人也有可能被临时取消预订，但如果你认识酒店经理的话，对方就不会轻易取消你的预订。

如果酒店人员对你说，“对不起，我们已经被超额预订了”，你该怎么回应

出门在外的精明人都知道，完全指望预订酒店房间是不可取的，因为酒店会考虑到预订过的客人不入住或在最后一刻取消预订的情况，所以通常会允许超额预订。然而，如果所有预订过的客人都如期而至，这时酒店只能把一部分客人“送走”，即把客人安排到另一家酒店档次相当的房间里。如果这样的事发生在你身上，你可以作出如下回应：

“我想用一下你们的电话通知家人我的新酒店住址。”

“我希望你们酒店为我垫付我去新酒店的路费。”

“我希望你们酒店为我支付新房间收取的额外费用。”

“我希望你们可以给我安排个更好的房间，就当是给我的小礼物或有奖回馈吧，可以吗？”

即使你知道怎样以优惠的价格预订房间，还会有其他常见的受到冷遇的问题出现。

普通消费者投诉与行动办法

“现代科技的高明之处体现在诸多方面，比如说你随手丢掉了一个易拉罐，它还是会保持原貌永远留在那里；再比如说你悉心保养着一辆价值 7000 美元的汽车，上路跑了两三年它就生锈了。”

——鲍尔·霍瓦兹，牛仔诗人

电脑、语音信箱、电子邮件、物流数据和其他诸多应用于商业活动的技术创新的发明初衷之一都是为了维护消费者利益、提高客户服务的质量。颇具讽刺意味的是，在很多情况下，这些技术创新的作用却适得其反，客户服务的质量似乎不升反降，但是不要灰心。

客户投诉的问题一般集中在以下 5 个方面，你可以采用下面的应对方法。记住询问并记下和你说话的人的姓名。

1. 邮购投诉

有关邮购活动的投诉多种多样，比如说送货延迟、寄错物品和物品损坏。如果你对邮购结果不满意，可以给对方公司打电话。确保自己保留了所有的邮购信息，以便客服人员查询。你应该心平气和地说明哪里出了问题，必要时可以要求取消订单或要求退款。

你可以这样说：

“福莱先生，我九月十五号从你们公司订购了两只枕头，工作人员说会在两周内寄到我这里。现在已经是十月十号了，枕头还是没有送来。我想知道东西到底什么时候能到？”

“李女士，很不巧，你寄送过来的电脑是坏的，所以我想换货。你能帮我处理一下吗？这是我的订单号码。”

2. 账单投诉

如果你不仔细核对账单的话，就会存在收款数额不正确、双倍收费、甚至为别人付账的情况。这就是为什么很多商家和信用卡公司建议顾客在写支票或付账之前核查一下所付费用。然而，如果你发现自己的报表或账单出了错，你仍然可以做出补救措施。你需要陈述相关事实，复印你的报表、已付账单、发票和其他有关文件，并说明你希望通过何种办法解决问题。以礼貌和尊重的态度对待客服人员，并询问对方的姓名。你可以这样说：

“我打电话来是想说我的账单上有点问题。我肯定这里是你们弄错了，因为账单上咖啡机的价格和我在报纸广告上看到的促销价不一样，我也是刚刚才发现的。请帮我把差价记一下账，麻烦你了，好吗？”

“我的账户里有错误计费，麻烦你帮我查一下。”

3. 设施投诉

作为体育馆、娱乐中心或健身俱乐部的会员，你无需忍受脏兮兮的浴室、简陋的更衣室、破损的设备、各种安全隐患或粗鲁无礼的工作人员。如果你遇到了上述情况，绝对不要忍气吞声。你可以这样说：

“戴安，我加入你们健身俱乐部的会员已经差不多四年了。大多数时候我都很满意这里的设备和服务。但我发现最近俱乐部的整体服务水平急剧下降，尤其是在设备维护方面。”

4. 产品投诉

你有没有发现自己使用的很多产品都不符合你的预期或者在某方面不尽如人意？我曾经买过一双休闲鞋，感觉穿着不大对劲，于是我打电话给对方公司投诉：

“我两个月前在你们这里购买的休闲鞋走起路来总是有响声。其实刚买的时候鞋子就是这样的，我以为穿穿就好了，但问题是到现在我还是走一步鞋子就叫一声。你能帮我解决这个问题吗？”

这家鞋业公司深谙客户服务的精髓，其客服代表也向我表达了歉意，丝毫没有推卸责任的意思。接着她详细和我说明了把鞋子退给厂家的流程——费用均由公司承担。一周后，快递员将一双全新的休闲鞋送到了我家门口。不用太多言语，这一实际行动就足以证明该公司对客户服务的重视。

5. 建筑承包商投诉

专做家居维修和翻新的建筑承包商也时常言而无信，尤其是在收工日期这个问题上。最好的建议就是找那些有营业执照并投过保的承包商合作。讲诚信的承包商拥有客户的良好反馈，他们也会请你参观其为其他客户完成的项目。你要确保以书面形式明确所有的工作细节，包括客户要求、产品费用、材料材质与价格、开工和收工日期、清扫工作等一系列具体问题。即使你认为自己已经做到滴水不漏了，但还是有可能和承包商就其义务问题产生纠纷。这时不要和对方放狠话，因为这往往会产生适得其反的效果。你应该先试着和对方协商，你可以这样说：

“我一个熟人说你们特别专业，于是给我推荐过来了。到目前为止我们的合作都非常愉快。我们交了预付款也签了合同，你们拍胸脯说能在三月一号之前完工。现在已经是二月十五号了，我们就担心你们能不能按时完工，因为下个月十五号我们要在这里办婚礼。你能按合同写的那样及时完工吗？”

如果好言相商没有用，对方还是违反了合同规定（多收了你的材料费、未能按时完工、工程质量差等），这时候你就可以语气强硬一点，声明你要采取进一步行动了。你可以这样说：

“在请你们来做庭院设计之前，我们特地询问了一些你们的客户，对方给予的评价很高。但是，我们合同里写的是在四月一号之前完工，现在已经四月十五号了，整个院子被挖了个底朝天，但你们的工人在这里施工的时间加起来还不到一个礼拜。”

“我已经同意在六月十五号出售房子了，按照你们这种做法我恐怕就卖不成了。如果两天内我还是看不到你们的工人过来开工的话，我就要取消合同，另外找人了。”

怎样要求退款

> “在所有穿着衣服进行的活动中，广告是最有意思的一种。”
>
> ——杰瑞·黛拉·费米娜（1936—　），广告经理

你有没有花了高价却买到劣质产品的经历？你有没有在下单之后却发现商品迟迟不能送来的经历？你有没有退过不符合广告宣传效果的商品？你有没有在没下单的情况下莫名其妙地被人收取了费用？面对种种糟糕的服务，是可忍，孰不可忍！虽说这些错误可能是对方的无心之失，但你的耐心早已磨光殆尽——现在已经到了要求退款的时候了（你可以

亲自去也可以打电话说明）。至于具体怎么做，请参考以下情形：

情形 1：简单的汽车修理却让你等待很长时间

步骤一：简要说明问题。

“里奇菲尔德先生，我只要换个汽车尾灯，不需要我等一个礼拜吧。”

步骤二：简要陈述相关事实。

“你答应过我，如果我提前付款的话第二天就能来提车。但是都过去一个礼拜了，我的汽车尾灯还躺在你的店里。”

步骤三：直接要求退款。

“里奇菲尔德先生，你还是帮我把原来的车灯装回去吧，我也不要你修了。另外，把钱退给我，就这样吧。”

情形 2：买回来的电器无法正常工作

步骤一：简要说明问题。

“惠特利女士，‘烘焙大师’牌面包机的广告说的是：‘让你在家也能做出大师级美味面包！’但令人遗憾的是，我买回来后才发现这个产品太让我失望了。”

步骤二：简要陈述相关事实。

“使用的时候这个面包机总是抖个不停，而且烘焙时温度高得吓人，外壳都受热变软融化了，明显存在安全隐患啊。”

步骤三：直接要求退款。

“惠特利女士，我要把‘烘焙大师’牌面包机连带原包装和纸盒一起退给你。你的广告说的是‘包您满意’，而现在我确定自己一点也不满意。请退还我商品价格175.86美元，以及运送费7.66美元。我希望一张面额183.52美元的支票能够很快送到我家里。谢谢。”

情形3：退款超期

步骤一：简要说明问题。

“佩妮女士，我七个星期之前第一次拿着报表上的计算错误来找过你们财务部。直到今天，我的账户上还是没有收到这65.98美元。更糟糕的是，我今天又收到了拖欠付款的通知。”

步骤二：简要陈述相关事实。

“佩妮女士，如果你还记得的话，有一个产品并不是我买的，但却记在了我的账上。我们周三碰面的时候你还答应我要处理这个事情。但是现在看来事情还是没有解决，这让我很烦恼。”

步骤三：讲清楚你希望对方怎么做。

“佩妮女士，我一直以来还款都很及时，从没有任何不良信用记录，这是我引以为傲的一点。我想你应该知道拥有准确无误的信用记录有多么重要。我也知道你一定会尽你所能尽快修正贵公司犯的错误。”

现在你知道了该怎样要求退款，但如果商家还是无视你的投诉，这时你该怎么办呢？

当其他方法都失败了，你该怎样做

> “我就是一根刺，扎住死不放。”
>
> ——威廉·莎士比亚（1564—1616），英国剧作家

一位自以为聪明的教师经不住他人的花言巧语，于是将毕生的积蓄投资给了某行业，这些钱在那个时候可算得上是一笔大数目。“你的收益率将是投资其他行业的两倍，”骗子吹得天花乱坠，“而且最厉害的是，你绝对不会亏钱！”

直到那个骗子卷钱消失了以后，这位教师才跑到商业改进局求助，结果证实了她最坏的猜想是正确的。

“我的天哪，”局里某位工作人员说道，“你怎么不在把所有钱投进去之前先到局里来一趟呢？你难道不知道世界上还有商业改进局这个机构吗？”

“哎，我当然知道，”她说道，“但是我怕来了以后你们就不让我投资了。”

你有没有提出退换货要求后被对方公司或个人无视的经历？你有没有遇到过说好要为你解决问题的经理甚至副总裁事后又不采取任何行动的情况？你有没有在通过写信、发送电子邮件、发传真等方式说明问题后，仍然没有收到退款、换货或提供服务的通知？之前和你合作过的公司出现过电话打不通或突然人间蒸发的情况吗？如果你的答案是肯定的，那么你必须采取行动，要求赔偿。

注意：在要求赔偿的时候，千万不要进行人身威胁或者承诺自己不想做或做不到的事情。

如果你能工工整整地写一封信寄给公司的负责人，那么收到的效果肯定比单单打一个电话要好。信的内容一般包括以下三部分：

第一部分：简明扼要地重述问题。（附上相关的文件或你之前写过的信件。）

第二部分：告诉对方你需要什么、什么时候需要。接着说明如果你没有得到赔偿的话将采取怎样的进一步行动。

第三部分：请对方公司采取实际行动，不然的话就做好准备承担后果。

你可以这样写。

亲爱的主席先生 / 女士：

（第一部分）

我之前和贵公司联系过，但是没有人给我任何回应，无奈之下我只好给您写信。六个星期过去了，贵公司还是没有把钱退还给我（给我换货、修正计费错误、补偿损失等）。信里附有所有的相关文件以及我之前和贵公司就该问题联系的交涉情况。

（第二部分）

我现在已经没有耐心了。如果我在 ×× 日（日期）前还收不到退款（换一台新空调、修正计费错误等）的话，我就要采取进一步行动了，到时我会写一封正式的投诉信投给：

- 贵公司的董事会
- 商业促进局
- 行业协会
- 地方检察官办公室
- 州检察长办公室
- 当地媒体消费者代言人
- 当地政府议员
- 我的私人律师

（第三部分）

主席先生 / 女士，我已经把所有的相关文件寄给您了，您也知道我的想法是什么。现在您有机会立马让这件事告一段落。我强烈要求您即刻采取行动，节省我们双方的时间和精力，因为如果事情得不到满意的解决，我是不会善罢甘休的。

我想如果您站在我的角度看问题的话，您一定会明白我的想法。我希望在 ×× 日之前收到退款（收到一台新电脑、修补好天花板等）。

我希望贵公司能够按照规定帮我解决这一问题。谢谢。

谨启

（你的名字）

当你实在无计可施的时候，给公司的负责人写信或许是唯一的解决办法了。毕竟大多数公司负责人都会信奉哈里·杜鲁门的格言——“责无旁贷”。

> “如果有什么事听起来太好了以至于你认为是假的，那它就很有可能是假的。”
>
> ——谚语

记住，了解与你发生纠纷的人或商家，以及对方的退换货规定会帮助你更轻松地解决问题。

无论你选择的是打电话、写信还是亲自登门的方式，只要你懂得正确投诉的方式，都可以得到更好的客户服务。这一过程可能会有些曲折，但只要你目标明确、态度平和、语气坚定、不得到答案誓不罢休，你就会惊讶地发现，自己在不知不觉中已经成了维权战场上的常胜将军。

第十二章
与医护人员对话

“医生告诉我慢跑可以增加我的寿命，我想他是对的，因为我已经觉得自己老了十岁。”

——米尔顿·伯利（1908—2002），美国喜剧演员

本章学习要点：

· 提高面诊效率的 5 条建议 · 在同意接受治疗之前必须向医生提出的 8 个问题 · 和医生说话时的注意事项 · 怎样投诉医护人员 · 怎样向医护人员表达谢意

某医生正在为一位素未谋面的病人面诊：“你之前都在哪些地方看过你的病？”

“我找过我的药剂师。”对方回答道。

“他都给你出了什么馊主意？”医生自以为是地问道。

病人笑了笑：“他建议我来找你看病。”

让我们面对事实吧，有的时候某些医生的行为的确很吓人。但是话

说回来，在你生病的时候，除了医生，你还能指望谁呢？

提高面诊效率的 5 条建议

> “世界上最好的医生就是‘节食医生’‘静心医生’和‘快乐医生’。”
>
> ——乔纳森·斯威夫特（1667—1745），爱尔兰作家

有的时候看医生是件特别让人头疼的事情，但如果你提前做好了准备的话，就可以确保在面诊时把所有的重要问题向医生一一提出，而不是慌慌张张地答非所问。你需要记住以下 5 条建议：

1. 列出你的需要和所有想问的问题，包括新的处方、流感疫苗等。
2. 列出你需要的所有药物，包括处方药、非处方药以及营养补充剂和维他命。
3. 列出你的症状、发病的日期、饮食、生活方式、病史及其他有利于医生做出准确诊断的相关信息。
4. 请一位朋友或家人陪同。两个人总比一个人强，特别是在你和医生讨论复杂的问题或重大疾病时。
5. 仔细记下医生说的话。

当医生为你详细解说病症并提供可能的治疗方案时，你一定要特别注意细听。做笔记可以帮助你记下重要的细节，过后和朋友或家人讨论时也有个依据。

现在你已经了解了看医生时的一些注意事项。只要你走进医生办公室，对方一般都会为你确诊并提出对症治疗的方案。然而，在做出任何重要决定之前，你必须问医生几个重要的问题。

在同意接受治疗之前必须向医生提出的 8 个问题

> “在医院里住了两天之后，我就开始帮护士做事了。”
>
> ——W·C·菲尔兹（1879—1946），美国男演员

奥地利大公奥托（1865—1900）在一次健康检查中被折腾得筋疲力尽。医生不停地问他有何症状、哪里感到疼痛、个人习惯如何，这让他不胜其烦。奥托忍不住埋怨了起来，于是医生对他说道：“殿下，下次您感到身体不适的时候，我建议您找一位兽医来看看。人家治疗之前从不问任何问题。”

当然，医生问你问题是为了准确判断你的病情并提出治疗方案。但你在同意接受治疗之前也要向医生提出问题，从而全面地了解治疗方案。如果你考虑进行治疗，就应该向医生提出下面八个重要的问题：

1.“您对我的病情有什么看法？”

请医生明确地讲述你的病情。如果遇到不懂的地方，你可以细问医生，请他（她）解答你的疑惑或重新解释你不熟悉的医学术语，不必觉得不好意思。

你可以这样说：

“我不知道 ×× 是什么意思。”

“我不太明白，×× 到底是什么意思？”

“我想知道我的病情和手术治疗的效果，您能用简单的图片或图表向我说明一下吗？”

“我不太明白，您能再解释一次吗？”

“您有相关的医学读本之类的东西可以给我看吗？我想进一步了解

治疗的方案。”

2. “您有什么其他的保守治疗或手术治疗的方案可以推荐给我吗？”

一般来说，医生在告诉你他（她）的专业意见之后很可能会提出其他可能的治疗方案。这时，你一定要问医生：

“我还有什么其他的选择方案吗？”

“这些治疗方案有什么不同吗？”

“您建议我采取哪种方案？能说说原因吗？”

3. “这种治疗方案的具体疗效是什么？”

了解每种治疗方案的效果可以帮助你做出最适合的决定。你可以提出以下问题：

“这种治疗方案对我的病情有怎样的改善？”

“疗效能持续多久？”

“说实话，接受治疗后我的病情会有多大程度的改善？”

4. “手术主要涉及哪些问题？”

你无须知道所有生动的细节，只要医生大致地告诉你他（她）的手术方案就可以了。你可以提出以下问题：

“您会采取哪种麻醉方式？”

“手术在哪里做？”

“手术要做多久？”

“恢复时间有多长？”

“有没有什么痛苦或副作用？”

“做完手术后需不需要特殊护理或家庭护理？”

"手术后我还需要做哪些后续治疗？"

"手术后多久我要来您这里复查？以后间隔多长时间来复查一次？"

5."治疗方案有何风险？"

几乎所有的药物治疗和手术治疗方案都有一定风险。在作出最终决定前你必须知道各种疗法的风险是什么。你可以提出以下问题：

"手术会有什么并发症？"

"疼痛（发热、皮疹等）的情况会越来越严重吗？"

"按照您以往治疗此类病例的情况，您有什么经验可以告诉我吗？"

"考虑到我现在的健康状况，成功治愈的可能性有多大？"

6."如果我暂时不做治疗的话会怎么样？"

在某些情况下，病人最好采取观望态度。你可以这样问医生：

"如果我不做治疗的话会怎么样？"

"我最迟什么时候需要做决定？"

"如果我不做手术（药物治疗等）的话，病情会随时间慢慢好转吗？"

"如果我选择不做手术或停止药物治疗的话，会不会产生更大的风险？"

7."治疗费用大概是多少？"

去医疗保险公司了解一下医生推荐的药物或手术治疗方案产生的费用是否可以报销。你可以这样问：

"我可以报销……（项目）吗？"

"哪些项目属于医保范围？"

"报销的流程是什么？"

8. “我能再找一位医生看看吗？您会不会有意见？”

如果你要换另一家医院就诊，请务必到保险公司询问详细信息。你可以这样说：

“在确定治疗方案前，我想再换一家医院看看。”

“您说的方案包含的信息量太大了，我一时消化不了。在确定最佳治疗方案前，我还是想再找其他医生看看。”

现在，你已经了解了就医前的准备工作。但是请务必记住，你对待医生的态度有可能对你的治疗过程产生影响。

和医生说话时的注意事项

“我本想自杀的，但是我的精神分析师笃信弗洛伊德学说，如果我真的自杀了的话，他一定会因为我没能去听有关弗洛伊德的讲座而逼我付出代价的。”

——伍迪·艾伦，美国作家（1935—　）、喜剧演员

第二次世界大战后联邦德国的第一任总理康拉德·阿登纳（1876—1967）在将近九十岁寿辰时患了重感冒，他的私人医生却无法帮助他缓解症状，不耐烦的阿登纳便开始斥责这位医生。

“我又不是魔术师，”医生回嘴说道，“我可没办法让你越活越年轻！”

“我也没提这样的要求啊，”阿登纳说道，“我只想自己能越过越老。”

尖刻的语言和不耐烦的行为只会惹恼你的医生，这样一来对方也不太会把你的事情放在心上了。因此，和医生说话的时候，你必须遵守以下原则。

该做的事：

- 准确扼要地说明你的问题。医生可不会读心术。
- 即使你觉得有些尴尬，也应该实话实说自己有哪些症状以及最早发现症状的时间。
- 认真听医生说话，有什么听不明白或需要解释的地方要等到医生说完话再提问。
- 不要占用医生过多时间。没错，你希望医生把注意力全都放在你身上，但在和医生讨论治疗方案时，不要总是追问个不停或和医生扯题外话。
- 重述医生告诉你的建议和注意事项以确保自己理解的是正确的。

不该做的事：

- 通过描述自己的症状给自己做诊断。
- 总想象着医生是无所不能的。事实上，你不应该抱有过高的期望。
- 不要因为医生说了你不愿意听的话而生气甚至和医生吵架。
- 和给你看病的医生说其他医生的坏话。
- 忽视医生的建议。

现在你已经了解了和医生对话时的注意事项。但如果你不满意医生说的意见或不同意医生的治疗方案，这时你该怎么做呢？或许这个时候你应该另找一位医生帮你解决问题。

怎样投诉医护人员

> “他当医生已经有一年时间了，一共治了两个病人，哦，不，我想想，是三个——没错，就是三个病人；我还参加了他们的葬礼呢。”
>
> ——马克·吐温（1835—1910），美国幽默作家

即使是技术再精湛的医生或卫生保健人员在对待病人时也可能发生疏忽，但这并不意味着你就必须要逆来顺受。当你对某个医护人员有所不满时，你有权大声说出来。

你可以这样说：

1. 陈述所有相关事实

如果某个医护人员对你的态度不好或在护理的过程中有所疏忽，你可以记下事情发生的日期、时间、涉及的人员和所在场合。你必须详实地说明整个事件，明确指出你想投诉的人，注意不要扯一些无关紧要的细节。以冷静的态度和平和的语气向主治医生或负责人投诉。过于情绪化的表达只会让你处于更加不利的境地。在投诉时你可以使用下列说法：

"我认为你应该知道……"

"我想提醒你注意……"

"当你的助手告诉我……时，我很不高兴。"

"×× 医生居然以那种态度对待我，我非常生气。"

2. 提出解决问题的建议

大多数医护人员都很愿意听取病人提出的意见。但是你可能并不知道某个问题产生的真正原因是什么，因此，你不必给出解决问题的确切方法，只需提出建议，说明自己希望得到医护人员怎样的护理就可以了。

比如说，一位年长的病人可能会这样说：

"医生，您办公室的电话自动语音系统真的很不方便，对我们这种需要和医生或真人对话的病患来说尤其如此。麻烦您把系统重置一下，让打电话过去的病人可以马上和医院的工作人员说上话。另外，您最好提醒一下接电话的人，请他们在接听电话时多考虑一下病人的利益。"

你在提意见的时候也可以采用以下说法：

"如果我可以提个建议的话……"

"或许您可以改变一下……"

"……或许可以预防这类问题再次发生。"

"如果您……的话，或许可以解决这个问题。"

3. 声明你对顺利解决问题很有信心

医护人员需要知道你是否还愿意继续选择他们的服务，以及你是否希望对方以合理的方式处理问题。要知道，你并不是在威胁对方，而是在陈述一个事实，那就是可供你选择的医疗机构并不止对方一家。你可以这样说：

"如果我遇上了此类问题，那我可以肯定你们的其他病人也遇到过。你们一定希望此类问题今后不再发生。"

如果你期待对方有所行动，可以对医生这样说：

"我希望此类问题以后不会再发生了。"

"多年来我一直很信赖您的照顾，所以我希望您能确保这一问题能够得到解决。"

"您这么快就对这个问题上心了，我真的很感激。"

怎样向医护人员表达谢意

> "我的医生可是一个大好人。1955年的时候，我生病了却没钱开刀，于是他把我的X光片做了小小的改动。"
>
> ——乔伊·毕晓普（1918—　），美国喜剧演员

美国巨星法兰克·辛纳屈曾有过几次不明原因的晕厥，他把这种

情况告诉了他的私人医生，希望能够找到问题所在。经过一轮仔细的体检后，医生问道："辛纳屈先生，请问您每年挣多少钱？"

"大概每年四十万到一百万美元之间吧，"辛纳屈回答说，"您问这个干什么？"

"如果是这样的话，"医生建议说，"我建议您马上去给自己买点瘦肉吃，您是因为营养不良才晕倒的。"

礼貌对待你的护士

如果你因故住院，时时刻刻都需要护士们的精心照料，那么你必须在踏进医院大门的那一刻就与护士处好关系，这会让你在医院住得更加舒心，病痛也自然会好得快一点。下列建议可以帮助你与护士们建立友好关系：

- 抱着友好、尊重的态度，愿意积极配合对方的工作。
- 有"团队精神"才能好得更快。
- 如果你愿意说出自己的感受并就治疗方案提出一些建议，或许护士能更好地为你服务。
- 虽说护士与医生不一样，但她也懂医学知识，可以回答你的一些问题。
- 住院的病人难免心情低落、脾气暴躁，但不要把气撒在护理你的护士身上。
- 记住，护士是严格按照治疗方案和程序办事的，你或许不喜欢这些做法，但其出发点都是为了帮助你更快恢复健康。
- 保持幽默感，就护士们喜欢的话题和她们聊聊天。

毫无疑问的是，医护人员都掌握了大量的专业知识和技能。即使他（她）给你提出的建议只属于一般常识，你也应该表示感谢。然而不巧的是，大部分病人只会抱怨医护工作者。只要医务工作者认真负责，你就无需吝啬自己的赞美。因为和大多数希望努力做好工作的人一样，医护工作者也希望得到病人的肯定和赞扬。具体参照下列三个简单的步骤：

• 毫不犹豫地给予正面评价。

“我想说的是，我对最近的几次面诊和治疗的效果都非常满意。”

• 表达谢意时，你还可以采用以下方式：

“我想让您知道我多么感激……”

“感谢您为我做的一切。”

“向您和其他几位这样尽职尽责的医护人员真的不多，我就是想谢谢您……”

• 清晰地说明医护人员为你提供了怎样的帮助。

你需要就具体的事情对医护人员表达谢意，而不是笼统地称赞对方，这样才能让对方了解你的真实想法。比如说：

“我第一次走进您的办公室时感觉很紧张，但是您的护士很热情地招呼我，让我一下子就放松了，我差点就忘了自己是为什么要来医院了。”

“在您帮我做理疗前，我以为自己肯定要去疗养院住了。但是您的帮助让我的健康有了很大恢复，现在我能确定自己有生活自理的能力了。”

• 请理疗师或心理医生治疗的过程可能需要数月，甚至数年，但是其间你可能有了别的想法，于是决定不再找对方进行治疗了。这时你可以这样说：

“感谢您过去几个月（几年）为我的病情作出的努力，现在我觉得自己已经可以生活自理了。”

“之前的治疗对我的病情有很大帮助，但是由于个人原因我可能不能再来了。”

• 你还可以使用以下说法表达谢意：

“您让我的……能力提高了不少。”

“自从您帮我……我感觉好多了。”

“您让我的生活质量大大提高了。”

“我真的很感激您为我做的一切。”

• 再次表达感谢。

在向医护人员表达赞美之情后，你可以最后表示一下感恩的心情：

“我想让您知道我们真的很感激您给予的种种帮助。”

“再次谢谢您为我们所做的一切。”

“我感谢您为我付出的努力，谢谢。”

“您的帮助让我的生活质量大大提高了，我真是感激不尽。”

“有了任性的病人才有严厉的医生。”

——普布里利亚·西鲁斯（公元前一世纪），罗马剧作家

几句赞美的话就可以拉近你与医护人员之间的距离。只要你愿意和医护人员进行充分的交流、认真听他们说话，治疗的过程就会少很多摩擦，同时你也能获得最佳的疗效。在患者的配合下，医护人员会更好地履行治病救人的天职，为人们的健康长寿保驾护航。

第十三章

与律师、警察和交通法官对话

“偶尔钻钻法律的空子不算罪过，只要你没有真的犯法就可以了。”

——梅·韦斯特（1892—1980），美国演员

本章学习要点：

· 在雇佣律师之前你要问些什么 · 配合律师工作时可能会犯的 10 大错误 · 怎样节省律师费 ·（可能）帮助你远离交通罚单的五种策略 · 绝对不能对警察说的 13 句话

萨默赛特·毛姆（1874—1965）在《作家笔记》一书中向他的学生提出了如下建议：“如果事实站在你这一方，你就应该努力让陪审团了解这一点。如果法律站在你这一方，你就应该努力让法官了解这一点。”

“如果事实和法律都不站在我一方呢？”一位年轻的学生问道。

“那你就听天由命吧。”毛姆回答道。

与律师、警察或法官说话时，你一定要注意言辞。

在雇佣律师之前你要问些什么

"当你读到自己看不懂的内容时，你差不多就能确定这是律师写的材料。"

——威尔·罗杰斯（1879—1935），美国幽默作家

兰登书屋出版公司的创始人贝内特·瑟夫喜欢和别人说这样的一个故事。故事的主角是他的一个朋友，他的这位朋友在某次酒会上和一位律师随便聊了几句，过后就收到了律师送来的一份法律草案。几天后，瑟夫的朋友在电梯里遇到了这位律师，他压抑着怒气说道："先生你好，今天天气不错啊。"还没等对方开口他又接着说道："不过我要补充一下，刚才我并不是在询问你的意见，而是在陈述事实。"

大多数人都曾在这样或那样的时期需要法律咨询，但是找到合适的律师并不是那么容易的事。

彼得·菲尔兹先生对我说："你要找到适合自己的律师，不要不好意思或害怕问对方问题。"彼得在位于纽约市的律师事务所工作，专攻娱乐和新媒体法。

我问彼得怎样选择合适的律师，他告诉我，在作决定之前，我应该询问对方的司法经验、收费标准和对待工作关系的方式。

1. 司法经验

英国哲学家杰里米·边沁（1748—1832）有一句名言："只有律师是不会因不谙法律而受到惩罚的人。"所以，为了避免雇佣经验不足的律师，你需要向对方提出以下问题：

"你从事律师职业已经多久了？"（一般来说，虽然新手律师可能更认真负责一些，但律师的经验还是越丰富越好。）

“你在律师事务所的时候是单干还是和其他人搭档或合伙？”（单干的律师可能会更吸引你的注意力，但是在必要的时候，与其他人搭档或合伙的律师通常拥有更多资源和后援力量。）

“你是专攻某个法律领域吗？”（对于那些说自己精通各种法律的律师，尤其是自己单干的律师，你要提高警惕。相比较而言，专攻某一法律领域的律师一般在面对复杂问题时更能给出高明的建议。）

“你有多少法庭经验？”（如果你有可能上法庭的话，请确保自己的律师有足够多的法庭经验。）

“你最近的案子里有多少是和我这个案子相关的？”（这样问可以帮助你估测对方对处理你这类案子是否有足够的经验。）

2. 收费标准

涉及律师费的问题时，你必须事先问清所有细节。你可以这样问：

“你的收费方式是怎样的？”

“首次咨询收费吗？”

“什么时候付费？”

“你的收费标准还有商量的余地吗？”

“我要怎样负责你的消费开支？”

“你能预测一下总费用大概是多少吗？”

3. 工作关系

律师和客户之间的误解时常伴随着双方工作关系的开始而产生。因此，你要确定自己已经明确了作为客户应该承担的责任，以及你希望对方作为律师应该负有的责任。

“你是亲自负责案子还是把案子分配给其他人做？”（你有权知道自己的案子是由谁接手的。）

“你认不认识受理我这类案子的法官？”（了解法官的喜好和风格有助于你的案件审理获得更好的结果。）

“你会随时通知我案件进展的情况吗？”（你应该在合作之初就将和对方通气的方式确定下来——打电话、发电邮、发传真、信件联系还是私人见面。要知道，客户投诉的一大常见问题就是律师和客户之间缺少交流。）

“你能大概说说解决我这个案子需要多长时间吗？”（虽然对方也无法给你一个准确的回答，但他（她）可以根据以往类似案例的经验给你一个大致的回答。）

“你以前接手类似案子的最后结果怎样？”（询问对方以往类似案子的平均成功率可以让你对案子的结果有大致的评判。）

“根据你对这个案子的了解，你会采取什么策略？”（直接说明你是否愿意接受对方的处理方式。）

“你能告诉我最好的结果是什么吗？”（你应该在合作之初就对最后结果抱有合理的预期，以预防合作过程中产生误解和摩擦。）

“最坏的结果是什么？”（了解可能出现的最坏结果可以让你有所准备。）

“你对我有什么要求吗？”（作为客户，了解并承担你应尽的义务有助于提高律师的工作效率。）

“如果我对你处理案子的方式不满意或有顾虑，我可以怎么做呢？”（事先设定好投诉程序可以免去日后可能与律师争执不下的麻烦。）

“如果日后双方因故不愿继续合作，到时该怎样解除合作关系？”（事先确定好以和平方式解除合作关系可以体现出你在处理工作关系方面的专业态度。）

你现在已经知道了在选择符合你要求律师之前应该询问清楚哪些问题。然而，想要获得好的法律意见，选择合适的律师只是第一步。你还必须了解与律师对话时应该注意哪些问题。

配合律师工作时可能会犯的10大错误

> “对于某些过了五十岁的人来说，打官司就可以替代性生活了。”
>
> ——戈尔·维达尔（1925—2012），美国小说家

一名客户信誓旦旦地说：“你相信也好不相信也罢，我这个人从来不说假话，自打我出生起我就一直视真理为伴侣。”

一旁的律师听得津津有味，“这一点我不怀疑，”这位经验丰富的律师开口说道，“但问题是，你和‘真理’分手都多久了？”

你是否会对自己涉及的某些法律问题感到难以启齿，因而在向律师诉说实情时有所保留？如果你回答“是的”，这就意味着你和很多人一样，犯了一个人们在寻求法律意见时常犯的错误。为了确保你的律师尽最大可能帮助你，你必须避免犯以下常见错误：

- 当你没听懂律师说的话时仍旧保持沉默。
- 对律师进行人身攻击或威胁以玩忽职守罪对对方提起诉讼。
- 就涉及法律的要点和律师争论。
- 隐瞒全部事实真相或只选择你认为律师愿意听到的话说。
- 在合作之初没有明确双方今后沟通的渠道。
- 期待你的律师在法庭上的表现能和你在电视剧里看到的那样高潮迭起、充满戏剧性。
- 不关心案子的进展，完全撒手交给你的律师做主。
- 没有和律师讨论其他选择方案、案子的合理结果以及可能出现的最坏结果。
- 指望你的律师将全部精力投入到你的案子中。
- 在谈话或会议时没有认真做笔记。

怎样节省律师费

为律师见面和讨论工作做好事先准备可以为你节省不少钱。具体来说，你可以使用以下5种简单的方法：

- 就你的案件准备一份简短的书面摘要。
- 准备好相关法庭文件的复印件。
- 列出你所有的想弄清楚的问题，并拷贝一份留给你的律师。
- 带纸笔以便记录。
- 等会议正式结束之后再和律师寒暄一番。

（可能）帮助你远离交通罚单的5种策略

“警告处分！你想要警告处分吗？好吧，那我警告你，下不为例，否则我就再给你开张罚单。”

——某交警

罗伯特·卡罗在其撰写的《参议院中的主导者》一书中讲述了这样一个故事。林登·贝恩斯·约翰逊正开着车在他的得州牧场附近超速行驶，一名巡警见状便示意他靠边停车。这名巡警走近一看，坐在驾驶座上的居然是美国总统，吓得倒吸了一口气：“我的上帝啊！”约翰逊总统想都没想便悠悠地说道：“没错，别忘了我是谁。”

当你因为违规而被交警示意靠边停车时，不要抱过高的期望，认为凭借自己的三寸不烂之舌能够让对方放你一马。因为一般来说，违规司机为自己辩解的理由层出不穷，交警的耳朵早就磨出茧了。但是，如果你掌握了和交警对话的正确方式，或许可以免除“数罪并罚”的麻烦，甚至可以帮助你避免罚单。为了给交警留下好印象，你应该采取以下策略：

策略 1：态度端正、有礼貌

交警们时常反映，在和违规司机打交道的过程中，对方的“恶劣态度”已成为阻碍双方交流的最大障碍。因此，在被交警叫停后，你应该拿出礼貌的态度，在说话时称呼对方为“警官”。不能区别对待男性交警和女性交警，更不能对后者发表含有性别歧视意味的言论。

策略 2：坐在车里不要动，确定交警能看到你把手放在方向盘上

交警要做的第一件事就是确定你是否具有攻击性。如果你能友好地打个招呼，“早上好（下午或晚上好），警官”，对方通常就可以排除你是“危险分子”的可能。在被要求出示驾驶执照和其他相关证件时，你要积极合作并保持微笑，但不要轻易承认什么。

策略 3：作无辜状，问对方：“我做错什么了吗？”

交警命令你停车的原因有很多可能，比如你的汽车尾灯坏了、汽车排出黑烟、警告你减速慢行或在十字路口完全停止。这些都属于难以定性的“灰色地带”，如果你表现得当，交警或许会被你说服，给予你警告处分后便放你一马，而不是不由分说地贴上一张罚单。如果交警问你，“你知道我为什么请你靠边停车吗？”或“你知道自己刚才的速度达到多少了吗？”，你就做出一副无辜的样子，说：

“不知道，为什么呢？”

“我不知道为什么您要求我停车。”

“我想不通啊。”

“我觉得自己遵守交通规则了呀。”

注意：如果你睁着眼睛说瞎话的话，就别指望交警只是警告你一次就算了。

策略 4：表达歉意但不要承认自己违反了相关规定

如果你并不是明目张胆地违反了规定，和交警好言相商或许可以帮助你逃过一劫。你可以这样说："哎呀，警察先生，真对不起，我以为自己的车速是在限定范围内的。"或者"警察先生，真对不起，因为光线的问题，我看成了黄灯。"

注意：道歉也不是万能的，有时也会适得其反。交警可能会将你的道歉理解为："真倒霉，被你逮到了。"

策略 5：在交警提出检查你的驾驶证前请求宽大处理

在交警把你放到一边，回到巡逻车上检查你的驾驶证之前，你一定要开口问对方："您可以通融我这一次，不要开罚单，就给个警告处分行吗？"如果你足够幸运，同时这位交警今天的心情也不错，还有重要的一点，那就是对方检查过驾驶证后发现你无违章记录的话，她（她）就有可能给你一个警告处分后就放你走。

Words That Win

第三部分　社交篇

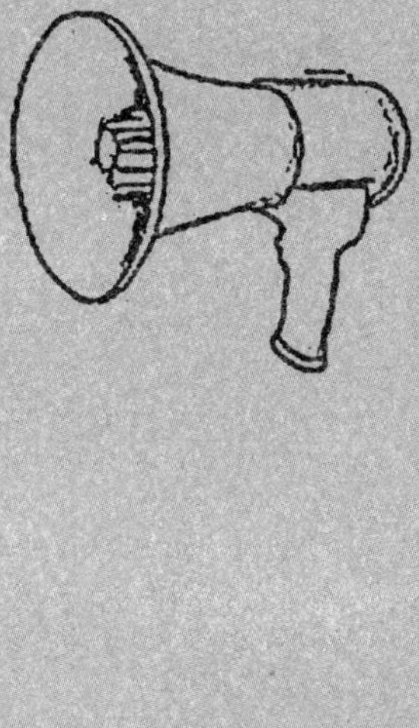

What to Say to Get What You Want

第十四章

掌握谈话的秘诀，成为交际高手

“不要和其他人说你遇到了什么麻烦。他们其中一半人不会关心你的事，另一半人则认为这麻烦是你自找的。”

——乔希·比林斯（1818—1885），美国作家

本章学习要点：

·闲聊要分5步走·如何回避谈论个人问题·怎样成为一个更好的倾听者·舌头打结的时候该说些什么·5个步骤让你加入他人的谈话·在闲聊时不应该说的话

你有没有好奇过，为什么有些身处派对或宴会中的人可以大大方方地和陌生人搭讪，然后迅速成为朋友？社交高手的秘诀之一就是善于和人闲聊。与陌生人聊天和与新舞伴跳舞一样，你要先花几分钟时间熟悉一下对方的风格，然后你就可以和对方自由地谈天说地，就像相识多年的老友那样。社交高手可以随时随地和任何人闲聊，却不感到尴尬或突兀。

闲聊要分5步走

> “自大狂有一点做得很好，那就是他们从不说别人的闲话。”
>
> ——露西尔·S·哈珀

“闲聊”指的是一种非正式的交换信息、想法和感受的方式，且有助于你和他人建立融洽的关系。闲聊可以让人们迅速建立联系，发展新的人际关系。

无论你身处派对，还是在家附近散步或在书店看书，如果你想找人聊天，可以按照以下五个步骤走：

第1步：走近对方，和对方打招呼

当你发现看上去比较容易亲近的人时，主动走过去找他（她）说话。你该怎样判断某人是愿意还是不愿意和你说话？很简单，你可以通过身体语言散发的信号来判断，具体如下表所示。和一个传达封闭式身体语言信号的人相比，传达开放式身体语言信号的人当然更容易接近，也更乐于和你交流。

身体语言

开放式身体语言	封闭式身体语言
√ 微笑	× 皱眉，看上去很无聊的样子
√ 眼神接触	× 瞪眼；转移视线
	× 盯着天花板、地板或杂志看
√ 双手自然地摆动	× 双手抱胸
√ 在屋子里四处走动	× 待在某地不动，离开屋子，独自坐在椅子上，与他人保持距离

第2步：寻找话题，抛出封闭式问题

和陌生人打完招呼后，你就可以开始寻找和对方搭讪的话题了。就像垂钓者会多次投鱼线那样，你也可以向对方抛出几个封闭式问题（答案比较简短），看看对方作何反应。

你的“热点话题”是什么？

热点话题就是人们爱谈论的话题，一般包括汽车、垒球、世界纪录、骑自行车、赏鸟、象棋、做模型、绘画、酿酒等人们的通常的爱好或追求。当你发现对方的“热点话题”时，你就算成功地开启了交谈模式！

你可以通过一些线索发现对方的兴趣范围，并就此提问，这样对方在回答你的问题时会更有积极性。这些线索包括对方身上的珠宝配饰、主题T恤、衣服纽扣、正在看的书、携带的体育器材或乐器等，你可以就这些物件展开话题。下面是一些例子：

看到对方在遛狗，你可以问：“这只狗狗真可爱，是什么品种的？”

看到对方正在阅读电脑方面的书籍，你可以问：“我发现你一直在看电脑方面的书。你是在报班学电脑吗？”

看到对方抱着吉他，你可以问：“你是乐队的吉他手吗？”或者“你玩儿哪种类型的音乐？”

看到对方拿着高尔夫球棍，你可以问：“你在哪儿打高尔夫？”

看到对方拿着打包的食物从饭店走出来，你可以问：“这家的味道怎么样？”或者“你们晚饭吃什么呢？”

如果对方很热情地回应了你的提问，接着，你就可以问对方一些开放式问题，也就是说，你可以请对方就某事发表评论或与你分享他（她）的经历。

第3步：向对方透露你感兴趣的话题

为了让闲聊顺利地进行下去，你也必须向对方透露一些你喜欢的话题。如果你不主动说起的话，对方可能比较内向，也不好意思问你。重要的是，你向对方透露的信息量和向对方打探到的信息量必须大体相同，这样才能保证在交谈结束后双方都能对对方有一定的了解。

你可以这样告诉对方你的兴趣爱好：

"我已经参加这个组织好多年了。"

"我是从 ×× 搬过来的，因为这边离山比较近，我很喜欢越野滑雪。"

"真是太巧了，我也在 ×× 学校念过书。"

"我为一家软件公司写电脑程序，但是我真正的爱好是做木工。"

注意：不要把自己过往的经历全都告诉对方，也不要透露你最近遇到了哪些难题。

第4步：寻找共同的兴趣

如果你能认真倾听，发现共同的兴趣，那么你们的交谈就能顺利地进行下去。"积极的聆听者"知道哪些关键词可以透露出说话人平时都将时间、金钱和精力投入在哪里，这些关键词就是人物、地点、事件和活动。这些积极的聆听者会根据对方回答的内容继续提问，并谈及自己的见解，顺带和对方聊聊自己的情况。

当对方提起一个你很感兴趣的话题时，你一定要做出积极的反应，让对方感受到你的情绪。举个例子，你可以这样说：

"原来你也喜欢……，认识你真是太好了。"

第5步：改变话题

在交流进行的过程中，你总是要改变一下话题的。这主要看你对这次谈话感兴趣的程度，你可以在开始五分钟后就另觅话题，也可以等到半小时后再引出新的话题。怎样判断谈话到了该改变话题的时候？一般来说，如果双方在交谈中出现了 30 秒钟的“冷场”，那就意味着你需要改变话题了。另外，当双方想法出现分歧、某一方有过度的反应或含糊其辞时，你也需要另找话题了。如果你按照下列方法去做，转变话题也并非难事：

• 当需要改变话题时，仔细听对方言谈中出现了哪些你可以用到的话题、字眼或参考信息。

• 接着，就这些字眼、参考信息或话题和对方展开讨论。你可以这样提出另一个话题，然后进行提问或评论：

“我听你刚才说……”

• 你还可以接过对方的话茬——比如说，淘古董——来改变话题，这时你可以说：

“你刚说淘古董，我就想起一个特别搞笑的故事。”

• 你也可以这样直接改变话题：

“我们换个话题吧，我有一件事一直想问（告诉）你。”

适时改变话题可以为你们的交谈“加油”，同时也可以帮助你回避你不愿谈及的个人问题。

如何回避谈论个人问题

如果有人问你一个你不愿意回答的个人问题，你该怎样礼貌地回应？事实上，你在回答时可以回避重点。所谓的“个人问题”数不胜数，但大多数人，尤其是你刚认识的人，好奇的无非是你的收入、买的某些物品的价格、恋爱或婚姻状况、生了什么病或做人方面有什么问题，比如脾气坏等。下面就是一些个人问题的例子，以及你回应的方式。

和钱有关的个人问题

“你的收入怎么样？”

你可以回答：“和我付出的劳动相比，还算值吧（不太值）。”

“这个你多少钱买的？”

你可以回答：“买的挺值（买亏了）。”

“你的工资涨了多少？”

你可以回答：“这个我不便透露。”

“你继承了多少遗产？”

你可以回答：“这个问题属于个人隐私吧。”

和家庭生活有关的个人问题

“你为什么要离婚啊？”

你可以回答：“我真不想提这个事了。”

“我怎么从来没见过你爱人啊？”

你可以回答：“他（她）就是到处跑的人。”

“你最近生病了啊？”

你可以回答：“现在我还不想说这个。”

“你为什么不生个孩子呢？”

你的回答：“这个真不好说。”

对于所有不礼貌的问题，诸如“你计划什么时候要孩子？”或者“你做整容手术了吗？”你都可以这样回答：

“什么？我不敢相信你居然问我这个！”

如果你的回答简短、有礼貌，大多数人都会尊重你的想法，不再细问。然而，如果有好事的人就想打破砂锅问到底，这时你应该说：“我不想讨论这个问题了。”大多数情况下，你可以采取主动转移话题。你可以说：

“现在，我要问（告诉）你其他一些事。”

现在，你已经知道了怎样通过五个步骤找陌生人闲聊，接下来要做的就是提升你的倾听技巧。

怎样成为一个更好的倾听者

“一个好的倾听者并不是无话可说的人。相反，他（她）是一个健谈的人，只不过嗓子痛了要休息一下罢了。”

——凯瑟琳·怀特霍恩（1926—　），英国记者

理查德·尼克松总统正在和参观白宫的诸多群众一一握手，这时一位小女孩大声问道：“斯摩基熊现在怎么样了？”她指的是一头名叫斯摩基的熊，这头熊不久前加入了华盛顿动物园的大家庭中。尼克松不明白小女孩说的是什么，于是询问他的助理。助理小声地提醒他：“斯摩基熊，华盛顿动物园。”几分钟后，尼克松走向这个女孩，和她握了一下手，说道：“你好吗，小熊姑娘？”

任何人都能成为好的听众。无论你身在何处，只要你遵守以下守则，就可以瞬间提升你的倾听能力。

该做的事：

- 记住大致意思的同时不要放过细节。

- 仔细听对方字里行间表达的意味和言外之意。
- 让对方把要说的说完。
- 倾听“热点话题”，即人们非常感兴趣的话题。
- 对对方说的内容表示感兴趣。
- 复述对方的主要观点。
- 认同说话者的感受。
- 要求对方澄清一些问题。
- 多问问对方“热点话题”的相关内容。

不该做的事：

- 打断或终止对方正在说的话。
- 与对方交谈时没有眼神接触。
- 在对方说话时看手表或一副坐立难安的样子。
- 在对方还没发表完意见时就转变话题。
- 接连问太多封闭式问题。
- 总是挑对方的错或和对方抬杠。
- 对方还没说完话你就连连摇头。
- 以为只要点点头就表示你理解或同意对方的观点。

积极倾听有利于谈话的顺利进行。但是你知道吗，当你一时舌头打结，说话结结巴巴的时候，你也可以秉着积极倾听的原则，化解这种尴尬。

舌头打结的时候该说些什么

你有没有过这样的经历，那就是在和人交谈时，你明明想要说一件事情，但是不知怎么却语无伦次起来或者大脑一片空白？所有的人，甚至包括非常健谈的人，都会经历类似这样头脑发懵、舌头打结的尴尬时刻。

这种现象产生的原因有很多，比如说当时你心里在考虑其他问题、过于担心某件事、极力想做出睿智或博学的样子。这些问题都有可能让你分心，进而影响你的表达能力。下面列举出了打乱你的思路或让你一时词穷的若干可能原因，以及你的应对之法。

• 原因：你在想自己该说些什么，而不是在认真倾听。

应对之法：重新将注意力集中到对方身上。你可以说：

“不好意思，我没听清楚你刚才说的话。你再说一遍好吗？”

• 原因：你担心自己会说些不该说的或让人贻笑大方的话，所以你一时语塞。

应对之法：提出一个开放式的问题，引对方回答。让你的好奇心引导你，你可以说：

“是什么让你决定……”

• 原因：你在自我对话中总是贬低自己，因而心情低落，羞于开口说话。

应对之法：摒弃自我否定的消极思维，用下面三句话肯定自己。你可以对自己说：

“别再贬低自己了。”

“看着对方，注意对方在说些什么。”

“仔细倾听，对你听到的内容进行回应。”

• 原因：你不确定对方是否对你有好感。

应对之法：真诚地表达自己对对方的好感。你可以说：

“我很高兴咱们有机会在一起聊天。”

• 原因：你认为自己是一个无趣的人。

应对之法：和对方分享你的兴趣爱好，看对方作何反应。你永远不会知道对方也可能和你一样对某件事情感兴趣。你可以说：

“我上周末做了件特别有意思的事。”

“我最近迷上了……”

如果对方向你提出一个问题后，你一时头脑短路不知该怎么回答，这时你该怎么办？不要担心，试着深呼吸，然后笑笑，说些自嘲的话也无妨。比如：

“不好意思啊，我这会儿有点老年痴呆的症状。”

现在，你已经知道了当你的思维突然一片空白、说话磕磕巴巴的时候具体该怎样做。接下来的目标就是加入他人的谈话——最简单的方法就是环顾四周，看还有哪些人在聊天。

5个步骤让你加入他人的谈话

“举办酒会的初衷是为了让人们碰面，简短地寒暄几句，而不是在一起长聊。因此，有人可能会认为酒会本质上并不是什么高雅的活动。”

——朱迪思·马丁，外号“礼仪小姐”，美国礼仪专家

你可以利用自己搭讪的本领接近并加入交谈的人群。事实上，加入他人的谈话比很多人想象当中容易得多。不要总想着屋子里交谈甚欢的人就一定是彼此的老朋友，说不定他们都才刚认识不久。下面教你用五个步骤加入他们的谈话。

第1步：寻找一个你认为会欢迎新加入者的谈话群体，确定这个群体中有你想结识的人。

第 2 步：靠近他们，保持三到五英尺的距离，或者说是“偷听距离”。听听对方在说些什么，确保自己对他们的话题感兴趣。

第 3 步：通过眼神接触让对方知道你在听他们说话。

第 4 步：对你听到的内容做出回应。你可以使用身体语言，比如微笑、点头或抬高眉毛。

第 5 步：当对方停下来的时候，你可以根据自己听到的内容问对方一个好回答的问题。或者直接说：

“我想加入你们的谈话，介意吗？”

找到合适的目标并与其交流的能力可以助你成为社交高手，但前提是你不能说错话。如果你可以保持谈话过程轻松愉悦，就能给他人留下积极、长久的印象。

在闲聊时不应该说的话

如果你不犯以下错误的话，闲聊绝对是一种与他人建立亲密关系的有效途径。

不该做的事：

- 批评和你有不同意见的人。
- 在涉及性、政治和种族问题时与人争论不休。
- 总是讨论负面话题，如犯罪问题。
- 提起自己在工作或家庭生活中遇到的个人问题。
- 透露自己最近生病或做手术的情况。
- 谈起自己时常抱怨的问题。
- 纠正对方的语法错误。
- 在琐事上争辩不休。
- 问对方比较私人的问题或打探对方的家庭秘密。

- 自以为无所不知。
- 和新认识的人讲一些低俗的段子。
- 说别人的闲话。

“谈话的艺术不仅是善于分辨场合，说话得当，而且要在忍不住的场合强忍住不得当的话。”

——多萝西·尼维尔，英国作家

如果你为谈话找好了话题，那么找到谈话的对象并与之聊天就不是难事了。当你认真倾听的时候，对方就会感到自己受到了重视，也知道自己接下去该说什么。如果你一时语塞，也不要担心，深呼吸一次，面带微笑，继续话题。加入别人的谈话也很容易，你只要大胆地和对方说“介意我加入你们的谈话吗？”就可以了。

第十五章

建立更加和谐的邻里关系

“我从未真正适应过洛杉矶的生活，我来这里都十一年了，但我的手表还一直停留在纽约时间。”

——梅尔·布鲁克斯（1926— ），美国喜剧演员

本章学习要点：

· 为向新邻居表示欢迎，你可以做的 4 件事 · 关于搬进新社区的 6 条提醒 · 会惹恼邻居的十二种无礼行为 · 怎样让邻居知道自己的不满 · 怎样让被你冒犯的邻居平息怒气

我的一位朋友在搬去西雅图一处安静的居民区不久，就听到了一阵敲门声。打开门一看，站在门廊上的是一位年长的男子。对方说自己就住在隔壁，刚从院子里摘了一碗新鲜的树莓，想要送给他的这位新邻居。这一温暖的举动让我的朋友真切感受到了小区和谐的氛围，也奠定了她与邻里建立友好关系的信心。

为向新邻居表示欢迎，你可以做的 4 件事

搬进新社区总是一件让人略带担心的事。人们担心的是，新邻居们会是什么样的人，他们会和我友好相处吗？我朋友的经历正说明了，有时仅仅一份薄礼也足以让你的新邻居卸下心防，帮你融入和谐的邻里生活。

尊重新邻居的个人隐私

有些人可能不太愿意向陌生人透露自己的私事，即便这些“陌生人”就住在他们隔壁。如果你察觉到你的新邻居是一个讲究隐私的人，那就不要追着人家问东问西，否则你就会给对方留下一个“窥探癖”或“好事者”的印象。

大多数刚搬进社区的人都表示，他们越早与新邻居碰面，就越能尽快适应在新社区里的生活。你可以采用以下四种方法让新邻居感受到你的热情欢迎。

1. 主动、热情地欢迎你的新邻居

说实话，很多刚搬到某街道或公寓的新住户都不太好意思向他们的邻居做自我介绍，这也就是为什么很多人在搬来数月后仍旧不认识他们的邻居。但是，一句热情的欢迎立刻就可以安抚新邻居焦躁不安的情绪，因为有人主动打破了沉默，还互相交换了姓名。

你可以这样欢迎新邻居：

“你好吗，我是 ××，就住在街对面。我过来就是打个招呼，欢迎你来到我们的社区。”

“你好，我叫 ××，我知道你刚搬到楼上的公寓，所以从现在我们

就是邻居了，我住在一楼。你叫什么名字啊？”

2. 提供帮助

你还记得最近一次搬家时你有多少事情要忙吗？没错，你要搬箱子、卸建材、刷漆、打扫卫生、修修补补等等。为你的邻居提供帮助会让对方立刻对你产生好感。但也不必过分热情，你可以提供一些简单的帮助，如借工具或者帮忙将行李从车上卸下来。你的帮助会让对方知道你想与他（她）建立友好的邻里关系。

你可以这样说：

“如果有要我帮忙的地方尽管说。”

“我的背不太好，估计不能帮你扛重物了，但我可以帮你……”

3. 表达希望和对方建立良好邻里关系的意愿

喧嚣浮华的现代世界里充斥着震耳的低音炮音乐、尖锐的汽车报警器鸣叫声、嗡嗡转动的鼓风器、刺耳的电锯声等等让人心烦意乱的噪声，人们的心态也变得越发浮躁。在这样的世界里，想要维系邻里和谐，仅靠“君子之交淡如水”这一套也似乎远远不够了。事实上，无论是新邻居还是老邻居，人们都应做到相互包容、相互考虑。因此，在和新邻居产生小摩擦时，只要你能够三言两语说到对方的心坎上，就能及时阻止矛盾升级。比如说：

“我家孩子在后院打篮球的时候可能会有点吵。如果他们实在闹腾得厉害，您就直接告诉他们，让他们安静一点就行了。”

“我想和您说一声，我们家马上要翻新厨房了，到时肯定会有点吵。我会尽量让动静小一点，但如果您还是觉得吵的话就直接和我说吧。”

4. 邀请邻居参加聚会

参加社交活动为邻居们互相认识提供了良好的契机。有些社区的居民会定时聚在一起举行派对、野餐、打纸牌、烧烤或进行“庭前贱卖”活动，即把自己家里不需要的物品、家居和衣服等放在院子里便宜出售。你可以通过邀请新邻居参加这些活动让对方感受到你的好意。

你可以发出书面邀请，也可以直接告诉对方：

“我们下周六下午有个小聚会，我们希望你也能来。到时有不少邻居都在，你也可以借机认识一下大家，你说怎么样？”

“你愿不愿意参加我们的街道社团会议？到时候你可以认识很多街坊邻居。”

关于搬进新社区的6条提醒

> “所谓郊区就是开发者们把树推倒了，然后以他们自己的名字命名那些新街道的地方。”
>
> ——比尔·伏根（1915—1977），美国作家

在纽约市北部，有一家人在搬到新家后发现院子里种着不少树，不由分说便砍倒了几棵有一百五十年历史的大树。这一行为让周围的邻居们感到震怒：“我认为任何人都没有砍树的权力，尤其是这种生长了一百多年的大树。”另一名邻居抱怨说：“他们已经破坏了我们社区的环境。”

融入新社区有时需要一些技巧，特别是在大多数邻居都是长期住户的情况下。如果你不想给你的新邻居造成负面印象的话，请注意以下六条小贴士。

1. 请之前的房主带你和几个新邻居见面

经他人介绍认识几个新邻居是打破沉默的最佳方法。初次见面的时

间可能只有短短几分钟，但这已经足够你给对方留下一个好印象，并为以后的交往奠定基础。你就大胆地请之前的房主替你引见吧：

“您能带我见见这里的几位邻居吗？”

2. 向隔壁邻居做自我介绍

有些热情的邻居会主动来敲你的门，介绍他们自己并对你表示欢迎。但是，如果在你搬进去几天后隔壁邻居还是没有动静的话，那么你就应该采取主动了。你可以这样说：

“你好，我是你的新邻居。我叫……”

3. 适应“社区文化”

如果你秉着“入乡随俗”的想法，那你就能更加轻松地融入到新社区，成为大家庭中的一员。比如说，每到周日的早上，社区里一般都很安静，直到九点以后人们才陆续开始活动，那么你应该和你的邻居一样，将动静比较大的工作留待九点以后再做。再比如说，如果这里某些长住居民的孩子特别闹腾，你最好忍一时风平浪静，不要抱怨什么。等你住的日子久了，你再选择是否和对方谈谈。

4. 赞美邻居的房子

大多数人都对自己的房子引以为豪，因此你可以通过赞美对方的房子来和对方套近乎。比如，你可以这样说：

“你的花园真漂亮，绝对是我们街道的一大美景啊！哦，对了，我就住在附近，我叫……”

5. 参与社区赞助的活动

虽说不同的社区举办的社交活动有多有少，但你还是可以找到机会和邻居交往。一般最常见的活动包括节假日聚会、开放参观日、街道派对、橄榄球超级杯大赛或世界职业棒球大赛等体育盛事。和邻居一起参与这些活动说明你希望认识他们，并融入新的社交生活。

当你收到社区活动的邀请时，一定要告诉对方你十分乐意参加。你可以这样说：

“谢谢您邀请我……我到时一定会去的！需要带什么东西吗？”

如果你因故不能去，你仍应该向对方的邀请表示谢意，然后简单解释一下你不能参加的原因。比如，你可以这样说：

“很感谢您想到了我，但是我那天有其他计划。下次活动我一定去，麻烦您下次别忘了叫上我一起。”

6. 尽可能多认识几位你的邻居

如果你搬来没多长时间，那你可能只认识隔壁或对面的几位邻居。一般在住了较长一段时间后，你才有机会认识街道上或公寓里的其他住户。如果几周甚至数月后你仍没有和所有的邻居打过招呼，你也不必担心。日子长了总有见面的时候，到时你可以这样说：

“你好，我是几个月前搬来的，做个自我介绍吧，我叫……”

会惹恼邻居的12种无礼行为

“为什么要表现得这么不讨人喜欢呢？明明稍作努力就可以变得讨人喜欢啊。”

——道格拉斯·伍德拉夫（1897—1978），英国作家

商界名人富兰克林·P·琼斯曾经说过：“没有什么比直接出现在邻居

吵闹的派对现场更能体现你的大度。”但如果你做了以下任意一件事，就很有可能惹恼的你的邻居：

1. 经常举行吵闹的派对
2. 在深夜大声放音乐
3. 放任自家的灌木丛或树木随意生长，乃至蔓延到邻居的院子里或阻挡他人的视线
4. 放任孩子们在任意时刻大声玩闹
5. 穿着走路声音很大的鞋子在未铺地毯的公寓地板上走来走去
6. 让自己的朋友占用邻居的停车位
7. 放任自家的宠物狗在邻居的草坪上随意溜达（在无人看管的情况下）、狂吠甚至大小便
8. 在夜间进行维修或翻新工作
9. 周末一大早就打开机器修剪草坪
10. 在夜间使用真空吸尘器或其他会产生噪音的电动工具
11. 向邻居借了工具又迟迟不还
12. 占用其他租户的停车位

怎样让邻居知道自己的不满

> “我和我的父母曾处处与邻居攀比。很多年过去了，当我独自居住的时候我才意识到，把邻居的生活拉低到我现在的生活的水平会给自己省下多大一笔钱。”
>
> ——昆顿·克里斯普（1910—1999），英国作家

是的，我承认噪音是城市生活的一部分，但是这汽车报警器没完没了地鸣叫真得快把我逼疯了！于是，当某住户的汽车报警器时常在午休

时分或夜间响起的时候，我果断采取了行动，在那辆汽车的雨刷下面放了这样一张简短的便条。

亲爱的邻居，

你知不知道整个晚上（或白天），你的汽车报警器差不多每隔一个小时就响一次？这样的噪音让我们难以入眠（或集中精力工作）。请修理一下你的汽车报警器吧，就当帮我们一个忙了，邻居们定会感激不尽。

谢谢

你的邻居们

让人惊讶的是，这样一条内容简单、语气礼貌的留言往往可以让对方意识到自己的疏忽，从而尽快解决问题。如果你的某位邻居做出了扰民的行为，首先问问自己对方的行为是不是很过分，如果只是偶尔一两次的话，你大可不必找人家的麻烦。如果你的邻居确很过分的话，你就可以按照以下四个步骤向对方说出你的不满，并要求其有效地解决问题。

步骤 1: 冷静地、简要地说明问题

要不是你向邻居提起，对方有可能还不知道自己的行为已经对他人造成了困扰。如果你和对方的关系还不错，那么他（她）很有可能会尽力解决问题。注意一定要明确地指出问题所在，含糊的抱怨往往会以失败告终。不要笼统地夸大问题，比如说，“我快要疯了！”或“我觉得自己就像生活在地狱里一样！”

步骤 2: 说明这一问题对你造成了何种影响

向对方解释其行为对你造成了什么样的直接影响，不要忘了列举几个具体的例子。这样你的邻居可能会更加理解你，并愿意做出适当的调整。

步骤 3：提出解决方法

光抱怨是没用的，你必须做出进一步行动，并告诉对方你认为问题应该怎样解决。由于不同的问题解决起来的难度或所需费用不一，因此在你开口前先问问自己，这样的解决方法是否合理，操作起来是简单还是困难？会花费不少钱吗？对方会接受吗？

步骤 4：表达你的感激之情

一些人在被邻居打扰后做的第一件事不是问清对方到底哪里出了问题，而是吵着嚷着要找对方“说理”，总之风度尽失。如果你不想在事后回想起自己当时不理智的样子，就千万别忘了对你的邻居表达感激之情，并用上“请”“谢谢”“我会很感谢……”“谢谢您的合作”“我们一起解决问题”等一系列具有魔力的字眼。

除了以上四个步骤，是否能取得满意的交涉结果也在很大程度上取决于你的邻居的：

- 有素质、有技巧地直接说明问题的能力。
- 之前的关系以及对彼此的态度。
- 保持良好关系的意愿。
- 接受合理解决方式的意愿。

下面举例说明如何实际应用上述四个步骤：

问题：深夜时分大声地放音乐

步骤 1：陈述问题

“你可能没有意识到这栋建筑的墙壁比较薄，你的音量开得太大了，我在卧室里都听得清清楚楚，这给我造成了很大的困扰。”

步骤 2：这一问题对你造成了怎样的影响

“最近几晚上音乐声都特别大，我一直等到你关掉音乐才能睡着，那时候都半夜一点多了。我每天都休息不好，更别提早上还要早起了。”

步骤 3：提出解决办法

“我没有权力让你不听音乐，但你能不能帮个忙，在晚上十点以后把音量调小或者戴耳机啊？”

步骤 4：表达你的感激之情

“感谢你的配合。”

怎样让被你冒犯的邻居平息怒气

就算是再好的邻居也有可能在无意中冒犯他人，但只要迅速采取行动就可以避免问题升级。因此，你应该尽快对自己的行为负责，向对方道歉并做出补偿，具体如下：

1. 直截了当地向对方道歉

纠正错误的第一步就是向对方道歉，而不是将责任推卸给他人或给自己找理由。你应该开门见山地说：

“对不起，……（我的狗把你的草坪当成了厕所，我占用了你的停车位，等等）。”

“我真心为自己对你造成的不便道歉。”

“对不起，我把你的窗子打破了。”

2. 承认你的邻居有生气的权力

当邻居对你生气的时候，你可以重述一遍对方生气的原因。这样一来，对方就知道你在认真听他（她）说话，并且也能理解自己生气的原因。这一简单的举动会让你的道歉充满诚意，并促使对方接受你的道歉。你可以这样说：

“如果有人……（打破了我的窗子，半夜吵得我睡不着觉，等等），我也会不高兴的。”

“是我家孩子打篮球时不小心压坏了你种的花，你生气也是应该的。”

3. 感谢你的邻居让你意识到问题的所在

如果你的邻居提醒你注意自己或家人一直没有意识到的某个问题，那么你应该向对方表示感谢。你可以说：

“谢谢你告诉我……我一开始都不知道自己给你带来麻烦了。”

“真是不好意思！我根本不知道自己把你借给我的工具（相机等）弄坏了。”

“我没有意识到我练习钢琴的声音（吸尘器的声音等）会这么大，吵到你睡觉了。对不起。”

4. 主动提出进行纠正

接下来，你要做的就是采取行动了。如果你认为问题并不严重或迟迟不愿予以解决，那么不仅你和邻居的关系会受到影响，甚至对方今后都会对你心怀芥蒂。

为了避免日后再生事端或邻里间赌气，你可以这样对你的邻居说：

“我是真的想把这个问题处理好，我一定会帮你重新安装窗户的玻璃（修篱笆等）。”

“真不好意思，还要你提醒我……我保证这种事情以后不会再发生了。我会赔偿修理费的。”

“我今天是来亲自解决问题的。”

> “人略钜富，亦需邻居。”
>
> ——谚语

与邻居保持和谐的关系并不总是一件容易的事，但绝对是一件值得你努力做到的事。这需要良好的交流技巧、自信的意识和对融洽邻里关系的渴望。美国作家埃里克·霍弗（1902—1983）曾这样贴切地形容过人们为融入社区生活所付出的努力：“热爱整个人类要比爱你的邻居来得容易。”

第十六章

怎样结交终生的好友

“你虽没有彻底失败，但情形很糟，此刻你就能找到真心朋友。”

——理查德·伯顿（1925—1984），英国演员

本章学习要点：

·4 个步骤建立友谊·导致你失去朋友的 15 种行为·怎样和过去的朋友取得联系·与朋友交谈时需要注意说话技巧的 8 种场合·朋友之间的 7 条黄金法则

每年春天我都会和自己的十位校友在一起聚会三天。他们其中几个人和我从小学起就是好朋友了，另外的几个是我在初中和高中陆续结交的，那时我们称自己为“东区男孩”。学生时代的我们喜欢整人的恶作剧，也喜欢开盛大的派对，因此在学校里一直“臭名昭著”。如今，四十年过去了，我们仍然享受着共处的美好时光，一边打着扑克牌一边追忆似水年华。

多年来，我们这群人之间都会定期相互联系，而这一点正是很多人所做不到的。当我和别人说起“东区男孩”的友谊故事时，很多人都惊

讶不已。他们告诉我，自己已经和孩童时期、高中乃至大学时期结交的朋友完全失去了联系。在他们看来，我和“东区男孩”的友谊非常难能可贵。我们“东区男孩”也认同这样一点，那就是我们长存不朽的友谊对我们来说意义非凡。

4个步骤建立友谊

> “如果你想在华盛顿找个朋友，还不如去养一条狗。”
>
> ——哈里·杜鲁门（1884—1972），第三十三届美国总统

交朋友可以说是一项毕生的事业。只要你愿意与人交往，在一生中的任何时候你都能交到朋友。大多数的友谊是建立在彼此熟悉，且拥有共同爱好、相似经历及相同的幽默感的基础上。你可以通过下列四个步骤和他人交朋友。

第1步：建立亲密关系

亲密的关系可以在人们心里种下友谊的种子。在你居住、工作、学习或玩耍的地方总有一群人在你身边，你们时不时地见面、聊天。渐渐地，你意识到了自己和哪些人共处时会感到轻松自在，和哪些人交谈时能够找到共同话题。一旦你和这些人建立了融洽的关系，你们的友谊也就开始生根发芽了。

第2步：经常在一起小聚

当你和某人聊天后发现自己和对方有很多共同语言，同时你们二人也很享受彼此的陪伴，这时你就可以提议和对方一起出去玩或参加某活动。刚结识的新朋友可以选择一起参加以下活动。

- 喝咖啡、喝点小酒或一起吃饭
- 看电影、听音乐会或观看体育赛事
- 散布、一起慢跑或骑自行车
- 去博物馆或签名售书会
- 参加派对或社交活动

和新朋友在一起的时候，你的目标就是玩得开心，同时增进对彼此的了解。你们要互相了解对方的某些常规信息，比如基本的个人背景和感兴趣的事物。如果在交流中双方都能坦诚相待，那么你们就能更好地了解彼此，建立融洽的关系和相互信任。

常规信息包括：

- 你来自哪里
- 你住在哪里
- 你做什么工作
- 你是已婚还是单身
- 你什么时候来到现在生活的地方
- 你的某些兴趣爱好
- 一些基本的家庭情况

注意保持谈话过程的平衡，这样就可以避免一方侃侃而谈而另一方沉默不语的情况出现。同时，不要过度地自我揭露。也就是说，不要把自己从前的所有经历，甚至是掩埋在内心深处最私密、最黑暗的秘密告诉对方。或者说，至少等你对对方有了进一步了解，再决定自己是否可以多透露一些个人问题。在这之前，你应该避免谈论以下话题：

- 个人遇到的难题，包括健康问题、财务问题或上瘾症（除非你身处与这些问题相关的场合，如匿名戒酒会、志愿团体等。）
- 政治问题（除非你确定对方认同你的观点或你身处与政治相关的场合，如政治集会、社区讨论活动等。）

- 宗教问题（除非你确定对方和你有共同信仰或你身处与宗教相关的活动中，如舞会、募捐会等。）
- 过去情感经历的细节

和新朋友对话时，认真倾听对方，并把对方说的话记在心上。表达对对方的兴趣、做一个好的聆听者以及适当的自我揭露是经营友谊的三大关键。你可以提出一些你认为重要的问题，加深彼此的了解。

你可以提出以下问题

"你能说说你是从哪里来的吗？"

"你为什么会决定搬来这里生活呢？"

"你最终是怎么确定要在这里工作（做志愿者）的？"

"你是怎样对……产生兴趣的？"

你可以透露的信息

"我在……出生，……（什么时候）搬来这里。"

"我毕业于……但是我决定在正式开始职业生涯前先体验一下不同的工作环境。"

"为了付房租，我只能先做……但是我真正的梦想是……"

第3步：延长相处的时间

在成为朋友后，你们自然希望有更多共处的时间。你们可以选择花上一个晚上、一整天甚至整个周末的时间在一起。同样地，相处的目的也是为了玩得开心并加深对彼此的了解。长时间的相处有助于你们敞开心扉，继续巩固彼此已经建立的信赖关系。你可以选择进行下列活动：

- 一起参加可以消磨一整天时间的活动，比如会议、音乐节、徒步远足、野炊等。
- 用一天时间四处淘古董、去果园摘苹果、去商场购物或到陌生的城镇游玩。

- 去外地参加会议或度假等。
- 在周末一起野营或旅行。

考虑要不要和朋友一起旅行？

如果你想和朋友在一起待一天以上的时间，那么你必须按照自己的直觉行事，避免做出草率的决定。在和朋友出去共度周末或长足旅行之前，你最好确定自己已经和朋友有过多次长时间（超过一天）共处的经历。另外，在出发之前，你也要和朋友说说自己的旅行习惯，二人尽量做到步调一致。举个例子，你可以这样说：

“我也想住一流的酒店，但那里收费一般都很贵。所以我更喜欢在好一点的位置找价格适中、环境清洁的酒店。你在旅行的时候一般住什么样的酒店啊？”

“度假的时候我都是早早起床，然后出去四处走走。你呢？”

“我在旅行中很讲究慢慢品味，我宁愿在一个地方花上很长时间，充分感受那里的魅力，也不愿意走马观花式地游览一番。你喜欢什么样的旅行方式呢？”

- 和你的朋友二人或约上其他三五好友计划一次短途旅行，但前提是你们的旅行风格能够相互“兼容”。

第 4 步：分享更多有关自己的事情和有意义的经历，加深彼此的感情

真正的友谊意味着人们可以交换彼此的心事，而且无条件地接受对方的倾诉并未对方保密。随着彼此间的信任与日俱增，双方可以渐渐敞开心扉、互诉衷肠而不必担心“祸从口出”的情况出现。然而，日渐加深的友谊也免不了被误会伤害。因此，在倾听朋友说话时，注意不要做

出苛刻的批评，也不要说些带有优越感的言辞。

与此同时，不要总是将自己的烦心事加诸于新朋友身上，也不要要求对方给予你过多的同情或援助。一个总是诉说自己的麻烦事，希望得到他人帮助的人很难拥有长久的朋友。

导致你失去朋友的15种行为

“每当我的朋友有成就的时候，我们的友谊就会消失一小部分。”

——戈尔·维达尔（1925—2012），美国小说家

无论你们的友谊是一点一滴培养起来的，还是在一日千里地神速发展，你都不要以为拥有朋友是一件理所当然的事。下列十五种行为就会让你失去朋友。

1. 背叛相互之间的信任
2. 以自我为中心
3. 在朋友背后说他（她）的坏话
4. 泄露朋友的秘密
5. 笑话朋友的体重或长相，对朋友的其他人际关系指手画脚
6. 一味索取帮助却不予以回报
7. 朋友有事找你就玩失踪
8. 见色忘友或为了某个朋友而背叛另一个朋友
9. 不愿为自己不合适的举动或冷漠的行为道歉
10. 抢朋友的男友（或女友）
11. 喜怒无常
12. 不尊重朋友的意见
13. 对朋友粗鲁无礼或冷嘲暗讽
14. 总是在和朋友约会时迟到
15. 不打电话事先解释一下就缺席聚会

如果你能确定自己的友谊是建立在共同的兴趣爱好、相似的经历以及相互尊重的基础上，那么你总有可能结交到新的好友。

怎样和过去的朋友取得联系

> “在凌晨四点能够打通对方电话的朋友才算得上是好朋友。”
>
> ——玛琳·黛德丽（1901—1992），德国歌星、女演员

在华盛顿高中第五十届同学会上，伴随着葛林·米勒和贝西伯爵乐队的乐声响起，人们纷纷开始起舞。一位男士和他的妻子以他们的方式演绎了弗雷德·阿斯泰尔与琴姬·罗杰斯在电影《欢乐时光》中的舞蹈片段。他们二人看上去比刚毕业那会儿胖了几磅，步伐也稍显迟缓。

当二人在舞池里翩翩起舞时，一位坐在旁边的女士说道：“嗨，杰克，如果我早知道你现在舞跳得这么好，当年在毕业舞会上我就不会拒绝你的邀请了！”

1. 参加同学聚会

无论你已毕业多久，十年、十五年、二十五年乃至五十年，你都可以通过同学聚会这一绝佳途径和老友重拾旧日的情谊，并结交新朋友。一些高中每年都会为其校友安排高尔夫赛事、舞会、野餐等聚会活动。人们参加同学会不仅仅是为了追忆美好的往昔，还可以有其他目的，比如说：

- 与学生时代的男（女）朋友相见。
- 看看当初“不告而别”的同学现在的处境怎么样。
- 和曾经的好友取得联系。
- 和过去不太熟悉的同学打招呼。

- 了解老同学现在从事什么工作。
- 找到和自己住得很近的老朋友。
- 建立新的业务和人际关系。
- 看望当年的老师，表达难忘师恩的情怀。

2. 和老朋友重聚的其他方式

你还可以通过下列方法与老朋友重聚：

- 利用网络对你学生时代居住过的或你结识老朋友的城市或地区进行搜索。
- 探望你的老邻居。你会惊讶地发现原来自己有很多老朋友仍然住在那里。
- 找到自己和对方共同的朋友，打探其下落。

3. 面对多年不见的朋友，你该说这些什么

“这些年来你一直在干什么？”这有可能是人们在聚会上最常问到的一句话了。当别人这样问你时，你应该立即做出回应。你可以这样说：

“之前……年，我一直住在……，在……工作。我……（结婚了、还是单身、离婚了、丈夫或妻子过世了），现在有……个孩子，已经……岁了。现在我和两个孩子住在……。说说你的情况吧？”

“我现在单身，……（独居、和孩子住在一起、养了一只宠物等。）现在在……工作。你呢？”

4. 应对与“离婚”或“死亡”有关的问题

在和老朋友叙旧时，免不了要谈论自己的另一半。如果你想当然地以为你的老朋友仍是已婚状态或正在谈恋爱，说不定就会闹出尴尬甚至勾起对方的伤心事。为了弄清楚对方的婚姻或情感状况，你可以这样问对方：

“你还是已婚吗？”

“你结过婚吗？”（千万别问对方，“为什么你还没结婚啊？”）

“你是独居还是和别人一起住？”

如果你离婚了，你可能忍不住想告诉别人关于你和前任分手的更多细节，但是我劝你不要说，至少现在不要说。你要做的是简单明了地陈述事实，不要激动，更不要说前任的坏话。你可以这样说：

“我几年前和……分手了，这对我们双方都是好事。”

“李和我都认为我们最好分开生活，孩子可以在他那里住半年，再回我这里住半年。”

“我离婚好几年了。”

当对方告诉你他（她）已经离婚了，你千万不要恭喜人家重获自由，也不要急着打探内情。最好能将你们的谈话转移到一个更轻松的话题上。举个例子，你可以这样说：

“这样啊，你的乖女儿现在怎么样了？还是一副小大人的样子吗？”

“我明白了，其他事情怎么样了？”

如果你家里有人去世了，你可以说：

“真不幸，……去年去世了。”

“我的……几年前去世了，说起来真让我难过。”

如果对方告诉你他（她）家里有人过世，你最合适的回应就是说：“对不起，那真是太遗憾了。”如果你也认识逝者，那就说些他（她）的优点或曾经的趣事，不要问其去世的细节。

5. 修补破裂的友谊

就算是好朋友之间也会有意见不一，从而伤害到友谊的时候。在这种情况下，双方可能都需要一段时间平息怒火。这时，如果你越早采取主动，与朋友讲和，就能越快修复双方破裂的友谊。为此，你必须告诉你的朋友，你十分珍视这一段友谊，希望双方的关系能够及时回到正轨。

你可以通过信件、电子邮件或打电话的方式向朋友传达你的想法。记住，如果引发双方矛盾的责任在于你，比如说你泄露了对方的秘密或做出了其他草率的行为，那么你必须向对方表示歉意。即使你认为是对方欠你一个道歉，你也可以做那个先抛出橄榄枝的人。你可以这样对对方说：

“对于昨天的争吵，我感到很抱歉。你知道我这个人有时候就是很较真的，但我也明白那不是吵架的理由。对不起，我昨天说的话很伤人。我当时肯定是脑子短路了，所有的错都在我。我想让你知道我很重视这段友谊，希望你能原谅我。”

“虽然咱们之间存在分歧，但我还是想和你做回好朋友。我们当时都说了让自己后悔的话，但是过去的就让它过去吧，你说好吗？”

和过去的朋友重新取得联系的3种简单方式：

- 写信
- 发邮件
- 打电话

和电子邮件及传统的信件不同的是，电话交谈是“实时发生”的。因此，当接通对方的电话时，你就要做好准备开口说话了。（可参见第十四章中关于和人聊天给出的小建议）。记住，你要做的第一件事就是自我介绍。你可以这样说：

“您好，我叫……我想找我高中的一位老同学（室友、战友等）。请问您是不是我要找的人啊？”

如果对方说“是的”，你就接着说：

“太好了！你现在过得怎么样？有时间和我聊会儿吗，还是我等你方便的时候再打给你？”

你可能需要提醒一下对方你是谁。毕竟这么多年过去了，人们的记忆总会变得模糊，一时难以将名字和真人对上号也属正常。你可以这样说：

“我就是上高级英语课时坐在你后面的小瘦子，总是挤兑你的那个。顺便说一句，那时年纪小不懂事，你别放在心上啊。”

“我们高中在同一个垒球队，我是接球手啊。”

“当年乐队里我就站你旁边，我负责吹萨克斯。不过现在我还是一名萨克斯风手，你呢？还在吹单簧管吗？”

再次提醒你，试着让对方回忆好的事情，而不要提起诸如生病、个人矛盾等不愉快的经历。不要总想着多年来的第一次联系就会有说不完的话。如果谈话进展顺利，你就应该相互交换电话号码和电子邮箱地址，并告诉对方：

“如果可以的话，咱们就常联系。这是我的电话号码和电子邮箱，把你的也告诉我吧。”

和老朋友重新取得联系就好比第无数次地欣赏你最爱看的电影——两者都是一件愉悦身心、意义非凡的好事。然而，无论你面对的是新朋旧友还是重归于好的朋友，在谈论敏感话题时一定要注意说话的技巧。

与朋友交谈时需要注意说话技巧的 8 种场合

> “友谊的真谛在于包容对方的小失误。”
>
> ——戴维·斯托里（1933—　），英国小说家、剧作家

如果你的朋友把你们的友谊看成是理所当然的事，或对你说话时总

是态度不屑、以自我为中心或不顾及你的感受，你可能会奋起反击，用刻薄的语言反唇相讥——前提是当时你的反应够快。虽说成功回击能让你一时过过嘴瘾，但这不仅不能真正解决问题，还会让你们的对话升级为一场争吵。

比起冒着牺牲友谊的风险以全副武装的姿态对待朋友，你倒不如占据制高点，扮演被朋友的快人快语伤害到的那一方。

• 如果你的朋友总是抱怨个不停，你可以说：

"你要怎么做才能改变现状？"
"你还有别的选择吗？"
"有我能帮得上忙的地方吗？"

• 如果你的朋友总是迟到，你可以说：

"请提前出门，这样你就能按时到了。"
"如果你知道自己会迟到，就打电话跟我说一声。"

• 如果你的朋友总是百般挑剔，你可以说：

"这可能不算完美，但我就觉得很好。"

• 如果你的朋友喜欢讲你的配偶、恋人或其他朋友的坏话，你可以说：

"我想你那么说肯定是有原因的，但是我真的不想知道为什么。"

• 如果你的朋友说了伤害你感情的话，你可以说：

"我希望你当时没那么说就好了。"

• 如果你的朋友没有及时回复你的电话，你可以用略带开玩笑的语气说：

"如果你回了我的电话我就感激不尽了。"

• 如果你的朋友做事总是慢吞吞的，你可以想个办法让他（她）知道及时回电话的重要性。举个例子，你可以这样说：

“天哪，你要是早点回我电话就好了。我这正有几张多余的音乐会门票呢……”

• 如果你的朋友总是有事要你帮忙，你应该表示同情，但不能软弱地一味妥协。你可以这样说：

“对不起，我只能帮你这么多了。”

• 如果你的朋友总是主动为你提出这样那样的建议，你可以说：

“谢谢，我会考虑的。”

“我知道你是想帮我的忙，但我会用自己的方式处理的。”

为身沾酒瘾或滥用药物的朋友提供建议

如果你的朋友存在酒瘾或药物滥用问题，而这也影响到了你们的友谊，你该说些什么来帮助对方呢？虽说忠言逆耳，但大多数处在戒酒或治疗药物滥用过程中的人都表示，来自朋友的责骂或威胁只会让其憎恨并疏远这些朋友。

匿名戒酒者协会是一个为沾染酒瘾者的亲朋好友带来希望并提供援助的非营利性组织。根据这一协会的说法，如果你的朋友有上瘾症状，你能给予的最佳建议就是告诉对方：

“找一个能帮到你的人聊聊吧。”

“我想你需要专业的帮助了。”

“我是把你当好朋友才和你说这些的，你现在已经有了酒瘾（药物滥用），需要他人的帮助。”

“我很担心你的酒瘾（药物滥用）问题。”

朋友之间的 7 条黄金法则

有的时候，维系一段友谊并非易事，因为这需要你抱着耐心的态度，足够关注你的朋友，而且还要注意和朋友说话的措辞。不要觉得麻烦，因为真正的友谊绝对会让你受益良多。下面是帮助你结交终生好友的七条黄金法则。

法则 1：真正的朋友会在你需要他们的时候出现。

法则 2：真正的朋友愿意接纳最真实的你。

法则 3：真正的朋友永远是你情感上的牵挂。

法则 4：真正的朋友不会将友谊建立在自私的目的之上。

法则 5：真正的朋友会永远忠实于你。

法则 6：真正的朋友眼里不会只有新朋友而忘记老朋友。

法则 7：真正的朋友知道，“想拥有朋友，你必须成为别人的朋友。”

“你的朋友就是知道你的一切（包括你的缺点），却仍然喜欢你的人。”

——阿尔伯特·哈伯德（1856—1915），美国作家

只要你努力经营和朋友之间的感情，你们的友谊就有可能长存。在和新朋友共享欢乐时光的同时，不要忘了和老朋友联系。违背朋友间的信任、对朋友漠不关心或吹毛求疵都有可能让你失去他们。大多数朋友总会有需要你在他们身边的时候，因此，千万不要让你的朋友们失望。

第十七章

让你的初次约会开花结果

“恋爱犹如麻疹，尤其是在人生中来得晚时，更加一发不可收拾。”

——道格拉斯 · W · 杰拉尔德（1803—1857），英国剧作家

本章学习要点：

· 怎样找到约会对象 · 吸引异性的 5 种方式 · 怎样提出约会邀请 · 怎样应对对方的拒绝 · 初次约会时的 4 条建议 · 怎样为初次约会画上句号

有的人热切地期盼约会，有的人在约会中手足无措，有的人在约会中屡遭打击。对于一个从来没有参加过约会，或在恋爱中屡战屡败，或不久前婚姻关系破裂又或是丧偶的人来说，约会很可能是一件痛苦的事。你是怎样向心仪的对象提出约会的？在第一次约会时，你应该做些什么？另外，你将怎样找到适合与你发展长远关系的人选？

怎样找到约会对象

"我的眼光太差了，和谁都能约会。"

——盖瑞·山德林（1949— ），美国喜剧演员

你可以通过多种渠道发现约会对象。热心的亲朋好友经常会说："我认识一个人，你肯定会喜欢，要不你们先见个面吧？"虽说大多数相亲注定没有结果，但还是有一部分人通过相亲找到了真爱。你也可以从以下人群中发现约会对象：

• 你刚结识的朋友

和新结的朋友约会的好处就在于你们都知道彼此的模样，也聊过天，而且你对对方的第一印象也不会太差。

• 和你相处过但没有正式约会过的朋友

和你熟悉的人约会有两个好处。第一，你知道彼此的共同兴趣是什么，和对方相处时感觉比较轻松自在。第二，你们彼此间已经建立了信任和融洽的关系，这正是发展恋爱关系的前提。

• 在交友网站、相亲机构注册过的单身人士或在报纸杂志上登个人广告的单身人士

你可以通过上述方式找到很多单身人士。另外，你还可以对相关的背景信息，如年龄、宗教信仰和兴趣爱好等进行筛选，找到符合你要求的约会对象。

• 在参加单身人士社交活动时遇到的人

大多属此类活动都是由宗教机构发起的，目的是为了服务拥有同

样宗教信仰的单身人士。另外，大部分参加此类活动的人都是奔着结婚这一终极目标去的。

吸引异性的5种方式

> “美人也是爱绅士的。”
>
> ——玛米·范多伦（1933—　），美国女演员

几年前，我和苏珊·拉宾（著有《101种调情方式》，Plume出版社，1997）合办了一个主题为“10种吸引异性的方式”的讲习班。我和苏珊问学员们：“是什么让一个人具有吸引力？”令人惊讶的是，我们得到的答案远不止“长得好看”“身材好”或“有钱”。虽然外表和个人成就很重要，但是大多数人们在寻找伴侣时也会看重对方的其他个性或品质。想要成为一个具有吸引力的人，你可以：

1. 态度亲切，行为彬彬有礼

当你发现心仪的目标时，主动靠近对方，和对方打招呼并介绍自己。不要忘了面带微笑、和对方握手。

2. 表现出你的幽默感

对方在讲笑话的时候，你一定要露出笑容，不能冷场。你也可以和对方分享一下发生在你身上的趣事。

3. 表现得很健谈

享受和对方谈话的过程，并让对方知道你很乐于与他（她）交谈。语气友好，态度活跃，不要总是一副一本正经的样子，你可以问对方一

些问题，讨论轻松的话题，注意避免谈及令人不愉快的消息或消极沉重的话题。

4. 表现出自信、自立的气质以及强烈的使命感

你可以和对方分享你已经达成的、并让你引以为豪的目标，并告诉对方你目前有什么新追求。让对方感受到你不断奋斗的力量源泉是什么。比如说，这股力量来自于你过去或现在着手的项目、你的学术成果、你在商界的作为、各种体育或体能挑战。但与此同时，不要夸大自己的成就，也不要一味吹捧自己。

5. 保留自己的意见——接受他人真实的一面

接纳对方真实的一面，不要对人家评头论足——至少不要在和对方交谈时这样做。

怎样提出约会邀请

初次约会的时间可长可短。你可以选择较随意的方式，比如和约会对象喝喝咖啡、聊聊天，也可以选择较正式的方式，比如和对方一起吃饭、看电影或参加派对。无论约会时间是30分钟还是几个小时，你们都可以利用这一机会感受一下，相处的过程是否轻松自在、自己是否能和对方合得来以及是否有兴趣进一步了解对方。只要第一次约会能够成功，你就可以迎来时间更长的第二次约会。

1. 45分钟的初次约会

在双方已经见过面的情况下，很多单身人士的初次约会或相亲时都不会花太长时间（不到一小时），也不会把见面地点定在高消费场所。人们有时也会选择咖啡馆或热闹的公园等人多的公共场合。就在这不到一小时的时间里，约会双方可以初步了解彼此，并决定是否还要再见面。这种速战速决式的约会可以为约会双方省心，同时也缩减了时间与金钱的投入。

如果你喜欢这种约会方式的话，可以选择请对方一起喝咖啡、吃快餐或散步。

“下班后一起喝杯咖啡怎么样？”

“我知道有个地方吃午餐不错，你有兴趣一起去吗？”

2. 正式的初次约会

初次约会时，一起去看话剧、听音乐会、甚至参观博物馆都是双方了解彼此的好机会。对于第一次正式约会，你可以选在一个有适度消费的地点进行。确保双方有足够的交流时间，并且能在那里度过一段快乐的时光。如果彼此间都比较满意的话，你们还有可能迎来第二次约会。大胆地向对方发出邀请吧。

“我知道你喜欢爵士乐。我经常去的俱乐部周五晚上会有一场音乐会。你愿意和我一起去吗？”

“我有两张下个礼拜天下午的话剧门票，你能和我一起去看吗？”

“我有这周六篮球赛的门票，一起去好吗？”

3. 打电话邀请对方

如果你没有机会（或不好意思）当面向对方提出约会请求，也可以选择打电话的方式。记住在电话里一定要讲明白自己是谁，在发出邀请前一定要礼貌地询问对方：“我打扰你了吗？”如果对方当时不方便接电话，你们可以稍后再谈。你可以事先准备几个聊天的话题，这样一来，如果对方愿意和你多聊一会儿的话，就不会出现一时找不到话题的尴尬了。

你可以这样说：

“黛安，你好，我是杰克·伍兹。我们上周在商会会议时见过的。

你现在方便说话吗？你上次不是说喜欢棒球吗，所以我想问你愿不愿意这周末和我一起去看棒球赛，我有两张包厢座的票。”

“你好，山姆，我是在楼下大厅工作的吉娜。嗯，不知道现在说算不算迟了呢，我刚看到一条消息说明晚有电影的抢先版试映。我知道你也是电影迷，有兴趣和我一起去看吗？”

4. 怎样向对方说“你能改天再请我吗？”

如果你很愿意和对方一起出去，但时间却不凑巧，你就可以这样说：

“我很想和你一起去，但是我今晚很忙。你能改天再请我吗？”

5. 怎样向对方说“不用了，谢谢”

如果你不想接受对方的约会邀请，就诚实地告诉对方，但是语气一定要礼貌。你可以这样婉拒对方：

“不用了，谢谢，不过还是很感谢你的邀请。”
“我最近不准备约会了。”
“我正在同 ×× 交往。”

怎样应对对方的拒绝

> “你践踏了我的真心，让我的纯真之梦破碎。”
>
> ——乡村音乐，马桑·威廉姆斯作词

有人拒绝你的约会邀请也是难免的事，但是对方的拒绝并不意味着世界末日，也不代表你就要停止寻找适合你的人选。当对方回绝你的时候，你只需说一句：“没关系，要不下一次吧？”

如果在你说完“要不下一次吧？”之后，对方的表现还是不冷不热，那么说明你已经陷入了“两击不中”的局面，再失败一次你就该三振出局了。但如果对方表现感兴趣的样子，你就可以和他（她）商量着改天再约。一般来说，如果对方拒绝你三次，你就要接受对方对你不感兴趣的事实，并寻找下一个约会的人选。

用积极的自我暗示帮助自己摆脱初次约会的焦虑情绪

初次约会有时是一件非常伤脑筋的事，因此，你可以采用积极的自我暗示让自己冷静下来。你可以对自己说：

“这次约会肯定会很有趣。”

“不入虎穴，焉得虎子。”

“说不定人家就是我的真爱，但不去见面又怎么能知道呢。”

现在，你已经知道了初次约会时的一些注意事项。接下来的问题是，你要怎么做才能确保第二次、第三次乃至第四次约会的顺利到来呢？

让你的初次约会泡汤的12种行为

还记得你上一次糟糕的约会是什么情况吗？你知道自己或对方是做了什么才让一次梦幻的约会沦为一场噩梦的吗？归结起来，噩梦的原因主要有以下十二种可能性：

1. 迫使对方和你发生性关系。

2. 透露了太多的个人信息，比如自己和前任男友们的感情纠葛，自己的健康问题或经济困难。

3. 抱怨自己的前任是吝啬鬼、对你不忠或性能力太差。

4. 表现出对爱情已经绝望的极端情绪。

5. 说话声太大或太小。

6. 为谁买单的事情闹不愉快。

7. 玩欲擒故纵那一套或故作神秘。

8. 对对方的行为指指点点或批评对方的观点。
9. 妆画得太浓或满身珠宝装饰品。
10. 暴食或过量饮酒。
11. 没完没了地谈论自己或自己的兴趣。
12. 对服务员、收银员、接待员或其他遇到的人态度粗鲁。

初次约会时的4条建议

"一个眼神抵得上一万句话。"

——林·拉得纳（1885—1933），美国作家

卡洛尔·马金在其所著的《约会麻辣烫》一书中记录了演员泰德·丹森早年的约会故事，其中丹森提到了两件事情。第一，由于他高中时期的身高就达到了1.87米，因此他的约会对象都是学校里的高个儿女生。第二，他和学校里的死党一直保留着一种名叫"最差约会对象遭遇赌注"的传统。他们每个人都会押上一笔钱，到时候谁的约会最糟糕，谁就赢得了这笔钱。

某个周末，泰德和他的朋友们与当地某女中的学生进行集体约会。泰德的约会对象显然是最高的那一个，她差不多有1.82米了。"她是曲棍球运动员，我们之间没有任何共同语言，一丁点儿都没有。"

晚餐期间，泰德一直在环顾朋友们的约会情况。面对身材如此魁梧的约会对象，泰德心想自己一定能赢得全部赌金。当约会结束后，女孩儿们准备坐车回学校的时候，泰德忽然觉得有点对不住那个女孩，因为他之前的态度并不算温柔。于是他说道："对不起，我们的约会似乎不太成功啊。"对方微微一笑："哦，没关系的，反正我已经赢了这次赌注！"

谁也不能保证你的约会就一定能成功。更何况初次约会的你还对一

切都紧张不已：约会过程会顺利吗？自己会胡乱说话吗？自己会喜欢对方吗？自己会疯狂地爱上对方并从此在一起过着幸福的生活吗？或者约会的结果会让自己大失所望吗？

初次约会一切都是未知数。但是，第一次约会的结果以及你是否能迎来第二次约会在很大程度上取决于初次约会期间，你们对彼此产生的了解。下面几条建议可以帮助你在初次约会中取得成功。

1. 不要奔着和对方开房间的目的而参加约会

如果你和对方约会只是为了去开房间，那就说明你并不想和对方发展长期关系。话说回来，如果你们两个是你情我愿的话也无可厚非，但是你绝不能抱着这个目的来参加约会。

2. 做你自己，展现最好的一面

有些单身人士以为想要给对方留下好印象就必须不惜一切代价地讨对方欢心，他们可能会极力恭维对方，在对方面前一掷千金或模仿他人。但是记住，不要为了给对方留下好印象而刻意隐瞒自己的好恶或夸大自己的成就。如果对方不喜欢真实的你，那就随他去好了。如果对方喜欢真实的你，那么你就很有可能迎来第二次约会，甚至建立起更长久的恋爱关系。

3. 相互了解

约会的首要目的就是搞清楚自己是否喜欢对方、愿意花时间和对方相处。因此，你们要相互告知基本个人信息，包括：

- 你的出生地
- 你为什么来到现在居住的地方
- 你的职业
- 你的学业情况
- 你的宗教信仰

• 一些家庭情况

为了增进相互了解，你们可以相互提问，下面是一些具体的例子。

提问："你在这里住了多久？"

回答："我在……住了近……年了，我是从……搬过来的。"

提问："你是在……长大的，你觉得那里的生活怎么样？"

回答："我很怀念那里的生活，特别是在大学期间，我很喜欢自己的专业……"

提问："你是在哪里上学的？"

回答："其实在定居下来之前，我在好几所学校都念过书，后来我决定……"

提问："你是做什么工作的？"

回答："我的工作就是……，帮助人们……"

提问："你闲暇时都做些什么呢？"

回答："平时不上班的时候，我喜欢……"

提问："你最喜欢做什么，比如说在某个冬天的下午？"

回答："一般冬天周末的时候我都会煮一大锅汤或红辣椒，再烘焙玉米面包，然后请朋友来一起分享。"

提问："你有什么大的目标或梦想吗？"

回答："我的职业目标是……我的个人目标是……"

怎样应对对方的问题："你是做什么工作的？"

不要在谈话开始时就问对方"你是做什么工作的？"，因为很多人都觉得这样问太过唐突。此外，人们也害怕在回答对方后，一方面对方的脑海中会浮现出此类职业的刻板印象，另一方面对方也能猜到他们的薪水范围。你应该问几个其他和对方背景有关的问题，比如在哪里长大、在哪里上学、平时有什么兴趣等，然后再过渡到工作的话题上来。

虽然我不建议在约会开始时就问对方“你是做什么工作的？”这类问题，但是万一对方问起，你也没必要大惊小怪，做好准备正面回答就可以了。另外，如果你总是避而不谈你的职业问题，对方就会认为你有事隐瞒，或是觉得自己的工作不够体面又或是你不想谈论自己的谋生方式。

不要害怕问对方最重要的一个问题——他（她）是否有可能和你走到一起。

提问：“你最近还有其他约会吗？”

回答：“也参加了一些，不过目前为止还没有遇到特别合适的。”

4. 感受彼此间的性吸引力

交谈过一会儿之后，你应该可以感受到彼此间是否存在性吸引力。你们两人坐得近吗？有没有时不时地相互对视？两人是否都笑意盈盈？你们有身体接触吗？你们有没有拉过手、将手搭在对方肩头或亲吻对方？即使你们之间有强烈的身体吸引力，也不要急着和对方有进一步动作。你应该顺其自然，将一切留到下一次约会。

眼看一场完美的初次约会就要结束了，你该怎样给今晚的美妙乐章画上终点呢？

怎样为初次约会画上句号

“我们明天再结婚，今晚先开始度蜜月。”

——西部乡村歌曲名，作词：佚名

现在到了约会快结束的时候，你该做些什么？是和对方握握手、亲吻对方的面颊、给对方一个热烈的晚安吻还是邀请对方去你家喝点小酒？这主要取决于你对对方有什么样的感觉。你们相处得愉快吗？你还想再次约对方出来吗？或者说你觉得这一次约会就足够了？如果你对对方不来电，完全可以用礼貌的方式拒绝对方再次约会的提议。

1. 怎样婉言拒绝第二次约会的提议

有了第一次约会并不意味着就要进行第二次约会。如果你们双方都对这一点心照不宣，那就握个手，提前结束约会，然后各回各家吧。但如果对方提出再次约会的建议，而你并不想和他（她）继续交往，这时，你应该婉言拒绝对方。

• 直截了当地说，但也不要把心里想的话全部说出来。

不要说："你不是我喜欢的类型。"
你可以说："很多人命中注定要在一起，可惜我们没有缘分。"

• 不要进行人身攻击。

不要说："我对你没感觉。"
你可以说："我们可能没有机会做恋人了。"

• 不要说谎瞒骗对方。

不要说："其实我已经有男（女）朋友了。"
你可以说："我恐怕无法和你发展认真的感情关系。"

• 强调二人志向不同。

不要说："你这人太无趣了。"
你可以说："我们没有什么共同的兴趣爱好。"

• 强调二人价值观不同。

不要说："你这人过于固执己见了。"

你可以说："显然，我们看问题的方式很不一样。"

• 强调二人所持目的不同

不要说："你只不过想找个人上床罢了。"

你可以说："我想要的感情和你想要的那种不一样。"

• 不要编造拒绝的理由。

不要说："接下来我会特别忙。"

你可以说："谢谢你的邀请，我还是不去了。"

2. 怎样发出第二次约会的邀请

其实第一次约会时，你们就已经能确定自己是否对对方有感觉了。你们会相互了解，谈天说地，发现彼此共同的兴趣爱好；你们不自觉地将身体靠近对方，并发生肢体碰触（至少有那么一两次）。总而言之，你们相处得非常愉快，并且暗自想着或许能和对方建立更加长久的亲密关系。如果你对对方的印象很不错，就要大大方方地告诉他（她）。或许对方对你也有好感，但他（她）也不好意思先开口，于是等待你先发出恋爱的讯号。如果你想再次与对方见面，你可以这样说：

"今晚我真的很开心，你呢？"

"和你在一起真有意思，我可以再约你出来吗？"

"你真是个与众不同的人，我很喜欢你，希望能再见到你。"

想要一场完美的初次约会，你首先要吸引那些和你有共同话题的约会对象。在谈话的过程中，你应该给对方留下美好的第一印象；为对方奉上真诚的微笑，让对方感到轻松自在。在决定是否要进行第二次约会前，先充分地了解对方。随着第二、第三乃至第四次约会接踵而至，你们就算是一步步确立了恋爱关系——说不定对方就是你的灵魂伴侣，还有什么能比这更加让人心动？

第十八章
利用口才建立一份稳定的感情

“亲爱的艾比：我今年44岁，想找一个无不良嗜好的同龄男士。

——署名：萝丝

亲爱的萝丝：我的想法和你的一样。”

——节选自恋爱信箱专栏《亲爱的艾比》，1918—

本章学习要点：

·将身边的某位朋友、同事或熟人发展为自己的恋人·加深感情的7种方式·见对方家长时的注意事项·怎样确定自己和恋人能否相互包容·怎样结束恋爱关系或解除婚约

爱情——你是怎样得到并保卫爱情的？当你失去爱情时，你又将如何？无数有关爱情的电影、戏剧、诗歌、音乐、艺术与书籍让你以为人人都能找到自己一生的挚爱，但是对很多人来说，现实却恰恰相反。或许莎士比亚的《仲夏夜之梦》中有一句话说得很对：“真正的爱情总不是一帆风顺的。”

即便如此，你也不要放弃希望，因为我们可以利用一些方法帮助自己找到那个对的人。

将身边的某位朋友、同事或熟人发展为自己的恋人

> “爱情并不是远方的小提琴渐渐消失的悲叹声，而是两人在弹簧床上愉快的翻滚声。”
>
> ——S·J·佩雷尔曼（1904—1979），美国幽默作家

如果你觉得自己一直遇不到对的人，或许你可以从身边下手——你的朋友、同事或业务上的熟人，他们都可能是你“潜在的”另一半。

这样做存在风险，而且可能其中大多数人都不符合你的要求，但运气好的话，你还是能找到心仪的对象。在陷入办公室恋情之前，先考虑在朋友圈子中找一个适合的对象并与之告白，或者和业务上的熟人调情也未尝不可。你要考虑以下问题：

- 如果你们是朋友，你愿不愿意冒着失去这段友谊的风险和对方告白？
- 如果你们是同事，你是否愿意冒着影响双方工作的风险和一个可能对你没兴趣的人告白？
- 如果你是对方的客户（或对方是你的客户），你是否愿意改变当前的业务关系？

所有的感情关系中都存在一定的风险因素。记住，一些公司不赞成甚至禁止办公室恋情的发生。除此之外，一些专业人士也认为和客户谈恋爱有违职业道德。总而言之，你需要自己权衡，你得到的回报是否值得你冒险一试。

而现在你已经深深陷入了情网当中！如果你和很多单身人士一样，

也考虑到了结婚的问题，事实上，你不必这样急着走进婚姻的殿堂。你们可以多相处一段时间，加深彼此的感情。然后再问问自己，你和你的恋人是否愿意携手建立长期关系。

加深感情的7种方式

> "你知道我在结婚前做了哪些事吗？我把想做的事都做了一遍。"
>
> ——亨尼·扬曼（1906—1998），美国喜剧演员

和朋友"约会"到底该不该？你的观点是什么？

试着将友谊发展为爱情到底是不是一件好事情？人们对于这一敏感的话题有不同的看法。就下面四种情况做出你的选择，然后看看在最近的一次网络调查中有多少人支持你的选择。

a）不好。太冒险了，而且和朋友谈恋爱的感觉很奇怪。

b）说不准吧，但我害怕不但没做成恋人，连朋友都做不成了。

c）挺好的，因为我认为朋友成恋人是最好的恋爱方式。

d）挺好的，在我结婚前，我的另一半就是我最好的朋友。

下面是2001年7月对1300人进行在线调查的结果：

- 2% 的人说不好。
- 31% 的人不确定。
- 48% 的人认为这是最好的恋爱方式。
- 19% 的人在结婚前是彼此的好朋友。

一段新的恋爱关系正是双方生命中最让人激动不已的事情。随着你们相处的时间越来越长，对彼此的了解越来越多，你们的感情也会不断

增进。这时，你就可以确定你们是否适合发展长期的感情关系。加深感情的方式主要有以下几种：

- 讨论双方共同感兴趣的话题、重要目标和价值观。
- 多多分享彼此的经历，特别是有关你的成长过程和你的家庭。（但是不要提到过去情感生活中的细节。）
- 讨论你们希望能从这段感情中得到什么。
- 你可以告诉对方你对他（她）和你们之间的感情有什么样的感觉。（不要想当然地以为，自己不用明说对方也知道你和他（她）在一起有什么样的感觉。）
- 提出你们抱有不同看法的问题，然后看看你们之间的差异在现在及将来会给你们的关系造成何种影响。
- 你可以透露一个可能会影响到你们双方感情的秘密。（比如说，你患有某种疾病、经济上有困难或家里有亟待解决的问题。）
- 一起畅想如何创造未来。

你们正享受着爱情的甜蜜，对彼此的感情也不断升温。然而，没有“关键人士”——双方的父母点头同意，你们的爱情之路恐怕就要坎坷不断了。

见对方家长时的注意事项

恋人们见家长时的表现对双方恋情发展起着至关重要的作用。不要忘了，你和对方的父母作为两代人，成长背景、生活习惯等方面肯定有诸多不同。因此，你要试着理解对方父母的某些行为。如果你想让对方的父母一眼就喜欢上你，请注意以下事项。

该做的事：

- 友好、健谈。
- 事先问好对方的父母喜欢什么，比如鲜花、特产、红酒等，再准备一份体面的见面礼。

- 称赞对方父母的厨艺、夸他们的房子或院子等，哄对方父母开心。
- 多讲讲自己的“好话”。
- 准备好几个对方父母感兴趣的轻松话题。（事先向你的恋人问清楚。）
- 当对方父母想要“调查”一下你的背景时，不要感到手足无措，大大方方地回答有关自己的个人问题。
- 事先向你的恋人问清楚，对方父母有哪些“禁忌话题”，以免踩到雷区。

不该做的事：

- 计划在节假日或在对方父母参加生日派对、婚礼或其他正式隆重的正式场合时跑去见家长。
- 对对方的父母指指点点或与其发生争执。
- 谈论自己的前任恋人或配偶以及他们的父母。
- 还不确定对方的父母是否和你持同样的想法就开始谈论政治问题。
- 炫耀自己或拼命想给对方留下好印象。
- 在对方父母家里和自己的恋人举动过于亲密。
- 一直在讲有关自己和自己工作的事。
- 自认为对方父母能理解你的幽默感。
- 等着让对方父母来招待你这个“座上宾”，而不主动提出帮他们做事。
- 透露家庭的秘密。

怎样确定自己和恋人能否相互包容

> “小时候父亲和我讲述了鸟儿和蜜蜂的故事。他是个大骗子——我在21岁之前都是和啄木鸟约会的。”
>
> ——鲍勃·霍普（1903—2003），美国喜剧演员

在你考虑结婚之前，你应该考虑一下你们之间能否长远地走下去。爱情或许是盲目的，但是你仍然可以利用余下不多的理智，让它来告诉你自己对这段感情的真实感受。在你提出“你愿意嫁给我吗？”或在回答“我愿意”之前，做一做下面的“合适度测试”，看看你们是否真的适合彼此。

1. 你们相爱吗？

是的______　不是______　不确定______

2. 你们对性的欲望一致吗？

是的______　不是______　不确定______

3. 你能轻松自在地和对方讨论有关自己的问题吗？

是的______　不是______　不确定______

4. 你们相互间有强烈的身体吸引力吗？

是的______　不是______　不确定______

5. 你们对婚姻的目标是否一致？

是的______　不是______　不确定______

6. 你们有若干的共同的兴趣爱好吗？

是的______　不是______　不确定______

7. 你们有共同的宗教信仰吗？

是的______　不是______　不确定______

8. 你们的政见一致吗？

是的______　不是______　不确定______

9. 你有没有告诉过对方你的某些健康问题（你的病史、药物滥用情况等），且这些问题会给对方带来影响？

是的______　　不是______　　不确定______

10. 你婚后想要孩子吗？

是的______　　不是______　　不确定______

11. 你们对借钱和负债问题的看法一致吗？

是的______　　不是______　　不确定______

12. 你们享受在一起度过的闲暇时光吗？

是的______　　不是______　　不确定______

13. 你们的消费方式一致吗？

是的______　　不是______　　不确定______

14. 你的“直觉”告诉你这是一个正确的决定吗？

是的______　　不是______　　不确定______

15. 你们相处的时间是否足够长——无论轻松还是充满压力的时刻，你们都在一起——因此可以对未来的关系发展进行合理的预测？

是的______　　不是______　　不确定______

评分办法：“是的”=2分；“不是”=0分；“不确定”=1分。

你的测试结果：“是的”=______分；“不是”=______分；“不确定”=______分。

解读分数的含义：

25~30 = 大胆地结婚吧！

生活总是充满了惊喜。根据上述测试，你和你的恋人在性、金钱、宗教信仰、政治方面的态度和价值观有很高的契合度。因此，你们的婚姻成功的概率很高。虽然谁也不能保证爱情和婚姻会永不变质，但你们的和谐程度之高足以让很多人心生羡慕了。

15~24 = 三思而后行

你可能陷入了爱情，和对方有生理上的吸引。但如果你和对方在金钱、育儿、政治等其他价值观上有较大差异，那么你们将来的生活可能会有很多不愉快的事情发生，甚至充满矛盾和冲突。你们应该用更多时间讨论各自的价值观、生活方式和婚姻目标。然后再做一次上述测试，看看结果如何。

0~14 = 继续寻找你的灵魂伴侣吧

现在的你可能沉迷于爱情醉人的芬芳之中，但若想维持顺利、长久的婚姻关系，仅靠天真的幻想是远远不够的。你的“适合度测试”分数结果说明你和对方几乎没有什么共同的价值观、目标或生活态度，而这些恰恰是构成长久、幸福婚姻的重要基础。不要把自己的幸福托付给错误的人，也不要想着自己能够改变对方的习惯。你还是继续寻爱之旅，找一个更加适合自己的人吧。

但是，如果你发现你和恋人并不真正适合，这时该怎么做呢？如果你认为你们不应该继续这段感情，你又该如何向对方开口呢？

怎样结束恋爱关系或解除婚约

> “爱情似战争，容易引发却难以结束。”
>
> ——H·L·门肯（1880—1956），美国编辑、批评家

要说到“分手专家”，当属“职业肉食女”（专门钓金龟婿的女性）莎莎·嘉宝，这位红极一时的好莱坞知名演员一生中结过九次婚。莎莎主持过一档婚恋节目，专门为人们的婚姻问题支招。第一位嘉宾上台后简单说了几句话，接着就向莎莎提出了自己面临的难题：“我现在正要和一位非常有钱的男士解除婚约，对方送过我一件黑貂皮大衣、

钻石珠宝、一个火炉和一辆劳斯莱斯。嘉宝小姐，我该怎么做呢？”

莎莎回答道：“把火炉还回去就行了。”

不管怎样，并不是所有的正在恋爱或订过婚的恋人都能最终步入婚姻的殿堂。你要怎样做才能和对方分手？你要怎样才能最大程度地减少给对方造成的伤害呢？你应该和对方当面谈分手，还是通过电话和信件谈分手？说到这里，你可以参考以下三条建议。

建议 1：冷静、直接地告诉对方，注意事先要演练好该说的话

如果你冲对方大吵大闹，或将分手的原因怪到对方的头上（即使是对方活该），你肯定会让情况变得更加糟糕。对于分手这一决定，你还是欠对方一个解释。因此，你要向对方简要地说明分手的原因，并做出适当“美化”，这样对你们俩都有好处。

分手时，你可以这样说：

“我想了很多，还是决定分手，这对你我来说都是最好的选择。”

“我已经决定了，我还是想恢复单身。过了这么长时间我才意识到我们对感情的追求完全不一样。”

想要解除婚约时，你可以这样说：

“最近发生了一些事，让我觉得自己有必要再考虑一下结婚的事。”

“我觉得咱们的婚姻很可能是一个错误。”

“对不起，我改变主意了，同意你的求婚（提出求婚）是我的错。”

“我想取消我们的订婚。”

建议 2：挑一个普通的日子提出分手

你不应该在温馨的节假日或生日当天，或者在对方生病或顶着巨大压力工作的艰辛时刻提出分手。事实上，没有哪一个日子是最佳的分手时间。你只能选择一个风平浪静，没有紧急事件发生的日子告诉对方你

的决定：

“我知道现在对你说这个有点残忍，但是我已经决定要和你分手了（解除婚约了）。”

建议 3：在对方的地盘说分手

关于哪里是最佳的分手地点一直众说纷纭。有些人认为约在公共场合，面对面地提出分手是最好的、也是最尊重对方的分手方式。还有一些人认为公布这一坏消息的最佳方式应该是私下进行的，可以选择打电话或写信给对方。

如果你害怕对方会情绪失控甚至出手伤人，或是不想在两人单独相处时提出分手，你可以选择在公共场合，如咖啡馆或公园，宣布这一消息。然而，选择在公共场合并不意味着对方就会安静地接受你的提议，所以你还是要做好和对方吵架的准备。

另一方面，选择在对方家里说分手，你可以说完你要说的话就离开，留下对方处理自己的情绪。既然是在对方的家里，你的前任就可以毫无忌惮地又哭又闹或者冲到卧室甩手关门。

你也有其他选择：你可以在电话里和对方说分手；如果你们是异地恋的话，也可以使用写信的方式，这些方式可以免除你们面对面时可能产生的尴尬，同时也避免了向对方妥协的可能。

怎样让自己从分手的阴影中走出来

无论你是甩人的一方还是被甩的一方，分手无疑都会伤害到你的自尊心和感情。你或许也明白，分手对二人来说都是最好的选择，但你还是免不了感到痛苦、孤单和迷茫。为了维护你的自尊心，并庆祝自己重新成为单身贵族，你可以这样对自己说：“我能挺过来。”

这样的自我暗示可以给自己加油鼓劲，帮助自己从分手的阴影中走出来。你也可以这样对自己说：

"我不怕打击，我能挺过来。"

"我会找到适合自己的另一半的。"

"我知道分手对我们两人来说都是最好的决定。"

"现在分手免得将来后悔。"

"我在接下来的日子里可能会感到孤单，但那也比深陷在一段不愉快的感情里要好。"

懦夫的分手方式

- 告诉对方自己要和前任配偶或前男（女）友复合。
- 告诉对方你已经找到了一个自己更喜欢的人。
- 突然不再和对方联系，或者不愿意见对方。
- 通过冷战、和对方吵闹争执、折磨对方、出轨等方式逼迫对方厌倦你们的感情，然后两人分手。
- 不断地和对方分分合合，直到对方感到厌倦，两人才正式分手。
- 通过发电子邮件或传真告诉对方分手的消息。

> "虽然爱过又失去，也比从来没有爱过要好。"
>
> ——阿尔弗雷德·丁尼生（1809—1892），英国诗人

感情的事情没有谁说得准。即使你们无比相爱，认为自己和对方是天造地设的一对，也不意味着你们就能够长相厮守。然而，如果你和恋人（包括其父母）的契合度越高，你们能够获得美满婚姻的可能性就越大。即使你们现在只是朋友，但只要你们对彼此有感觉，友情也可以升华为一场浪漫深刻的爱情。

第十九章

维系幸福婚姻的策略

“蛋壳脑袋和沙漏身材结婚了。”

——1956 年《综艺报》关于剧作家亚瑟·米勒

与女演员玛丽莲·梦露结婚的新闻头条

本章学习要点：

· 新婚夫妻应该懂得的 4 种交流方式 · 怎样和对方讨论与婚姻有关的重要话题 · 公平争吵的 9 大原则 · 向另一半表示欣赏和感恩的 8 种方法

新婚夫妻应该懂得的 4 种交流方式

> “我昨天晚上在床上可厉害了，长这么大第一次不用进行到一半爬起来看指导手册。”
>
> ——伍迪·艾伦（1935— ），美国喜剧演员

两位已婚男士在讨论自己平日里都是怎样和妻子说话、怎样在家里做决定。其中一人说："首先，我是一家之主，所有的决定都由我来做，我说了才算。你呢？"

"这个嘛，"他的朋友说道，"我和妻子度蜜月的时候已经讨论过了，我们最终想出了一个完美的计划。家里的大事都由我来管，她负责小事。"

"结果怎么样？"对方问道。

"到目前为止，还没有大事发生。"

你和你的配偶的交流方式是否一样？

新婚夫妻怎样才能将各自的交流风格成功融入到他们的新生活中？第一步就是弄清楚你和你的爱人各自的交流方式是什么。下面列举出常见的四种交流风格以及可以帮助你们融洽相处的策略。

1. 直接型

这种交流风格的人总是充满活力、积极性高，并具有竞争意识。他们交流时的特征主要有：

正面的：

- 很快切入主题
- 在讨论他们感兴趣的话题时特别健谈
- 很有主见，在谈话中时刻保持高昂的情绪

负面的：

- 没有耐心倾听对方说话，时常打断对方
- 说话不经过大脑，经常做出冲动的决定
- 专横霸道，喜欢与人争辩

交流策略

如果对方的交流方式属于直截了当型，你可以这样做：

- 以谈论对方感兴趣的话题展开谈话
- 在对方向你挑衅或给你扣帽子的时候，不要予以回应
- 倾听对方说话，强调你们抱有一致看法的问题
- 深入探讨你想讨论的话题，不要被动地等着对方开口问你想聊些什么
- 先说主要观点，再给出一两个论据。注意不要本末倒置
- 如果对方不同意你的观点，不要立马向对方妥协，也不要急着为自己辩护。对方可能只是想试探一下你，或想找个话题和你辩论。你可以拿出几个具体的论据来支持你的观点。如果对方还是想和你辩论谁是谁非，你就可以说："我不想和你争论这个问题，我只是说说自己的看法而已。"

2. 交际型

交际型交流风格的人往往充满活力，愿意向对方妥协，并善于讨好对方。他们交流时的特征主要有：

正面的：

- 喜欢滔滔不绝地讨论各种话题
- 表现出很在意对方的感受、对对方的观点很感兴趣的样子
- 谈话时追求轻松愉悦、意气相投的氛围

负面的：

- 喋喋不休，喜欢接过你的话茬或打断你的讲话
- 经常做出冲动的决定
- 过于渴望得到对方的表扬和关注

交流策略

如果对方的交流方式属于交际型，你可以这样做：

- 谈论彼此都感兴趣的话题

- 不要让对方在谈话中占据主动
- 不时地插话、提问
- 认可你们有一致看法的地方
- 如果对方没有问起你想讨论的话题，你可以主动提起
- 先给出主要观点，再讲细节方面的问题
- 如果对方打断了你的讲话，你可以说："拜托，让我把话说完。"

3. 含蓄型

含蓄型交流风格的人在谈话中比较安静、敏感、不愿与人发生冲突，往往在考虑周全后才做出决定。他们交流时的特征主要有：

正面的：

- 认真倾听，体会对方话语背后隐藏的感情
- 在意对方的感受，对对方的观点也很感兴趣
- 追求意气相投的谈话氛围，希望帮助他人解决问题

负面的：

- 看上去缺乏积极性、不健谈
- 在谈话主导者前面表现得被动、不自信
- 一旦受到质疑就不愿意再和对方分享自己的观点或坚持自己的决定

交流策略

如果对方的交流方式属于含蓄型，你可以这样做：

- 不要在对话中占据主导或打断对方
- 语气平和地进行评论、提出问题
- 在讨论自己感兴趣的问题之前先温柔地问对方对什么话题感兴趣
- 强调你们抱有一致看法的问题
- 不要大声说话或做出具有侵略性的肢体语言

- 先给出主要观点，再讲细节方面的问题
- 询问对方的意见："请告诉我你对……是怎么想的。"

4. 理智型

理智型交流风格的人比较沉默寡言、讲究逻辑、认真严肃。他们交流时的特征主要有：

正面的：

- 知识渊博，能应付复杂的话题
- 喜欢从头到尾详细说明某个问题
- 能够确保自己说的话是正确无误的

负面的：

- 在做决定时认为情感没有理智来得重要
- 有掌控欲
- 固执己见

交流策略

如果对方的交流方式属于理智型，你可以这样做：

- 在给出主要观点的同时拿出具体的事实细节加以佐证
- 提出自己的看法或意见，不要光听不说或光说不听
- 自信地表达自己的观点，但不要和对方起冲突
- 不要全凭个人感情或直觉批评对方
- 强调你们抱有一致看法的问题
- 如果对方没有问你对什么话题感兴趣，你就主动提起自己想讨论的话题
- 如果对方认为你的观点不合逻辑而予以否认，你可以这样说，"你说的或许没错，但是想要做出正确的决定，光有逻辑性是远远不够的。"

但是人们并不会拘泥于某一种交流方式。当你觉得自己有可能误解对方说的话时，你可以请他（她）讲得更清楚一点。你可以这样说：

“你是说……对吗？”

“我不确定自己理解得对不对，你能举几个例子吗？”

“你没有说得很明白，但我感觉你的意思是……我说的对吗？”

夫妻间有共同语言、能够顺畅交流是稳固婚姻的重要基石。没错，当你和你的配偶讨论一些敏感话题时，你就需要动用各种拿手的沟通技巧了。

怎样和对方讨论与婚姻有关的重要话题

“你娶的（嫁的）并不是一个人，而是三个人——一个是你眼中的对方，一个是真实的对方，还有一个是等到和你结婚后就会渐渐改变的对方。”

——理查德·尼达姆（1912—1996），加拿大专栏作家

有人问好莱坞演员罗伯特·米彻姆（1917—1997），他和妻子桃乐茜成功携手走过五十多年的秘诀是什么。要知道，众多好莱坞明星夫妇难以维持长久的婚姻，分分合合都是家常便饭。“秘诀就是相互包容，”米彻姆回答道，“我们一直都坚信对方能够越做越好。”

长久幸福的婚姻少不了夫妻双方乐观向上的态度，同时也需要两人在一起讨论婚姻中的重要问题。如果你们能尽早讨论这些问题，并达成一致意见，将来就会少了很多不必要的争执。你可以就婚姻中的敏感话题提出下面的问题。

1. 讨论孩子的问题

“你认为我们该生个孩子吗？什么时候合适？”

“你对管教孩子有什么见解？”

“我们要怎样鼓励孩子？”

“我们应该让孩子学会承担什么样的责任？”

“我们怎样和孩子共处？”

2. 讨论健康问题

“医生对你说什么了？”

“你现在感觉怎么样了？”

“你的……现在还在困扰你吗？”

“和我说说你的病情吧？”

3. 讨论钱的问题

“我们每个月需要多少生活费？”

“谁来付账单？”

“你对用信用卡买东西有什么看法？”

“我们在房子上大概要花多少钱？”

“我们每个月能省下多少钱？”

“你觉得我们该买辆二手车还是新车？”

4. 讨论政治问题

“你对今年参加竞选的候选人有什么看法？”

“你在……问题上立场如何？”

5. 讨论过去的感情生活

“能和我说说你的上一段婚姻吗？”

“你和你的前任是怎么处理问题的？”

“在生日派对、婚礼或假日聚会上碰到前任时，怎么做才算自然又不失礼呢？”

6. 讨论有关死亡的话题

"我们该怎么和孩子们解释他们祖母去世的事情？"

"我们的遗嘱里应该写些什么？"

"你认为我们的遗嘱执行人应该是谁？"

"你觉得什么样的葬礼服务比较合适？"

"你觉得有必要写生前遗嘱吗？"

在讨论敏感话题时，你们可以交换不同的意见和看法。当你选择了一个麻烦的话题并因此和对方展开热烈的讨论时，注意不要和对方争论不休或乱发脾气。你应该做的是找到双方意见一致的方面，保持开放的心态，争取互相妥协。

谈论关于工作、孩子甚至是敏感话题是与你的另一半沟通思想、交流情感的主要方式。但如果你和对方出现看法不一致的情况时，你又该怎样应对呢？

公平争吵的9大原则

> "婚姻只是一时的；离婚赡养费才是一世的。"
>
> ——昆汀·克里斯（1908—1999），英国作家

你们夫妻会因为那些老问题而争吵不休吗？你是否尝试过和对方好好说理，结果却还是免不了一场大吵，最后双方冷战、互不理睬？你是否已经受够了对方无休止的借口或无法兑现的承诺？你或你的另一半曾威胁说要离婚吗？如果你的婚姻中出现了上述问题，那么你们就可能离分手不远了。

但是，你绝不可以认为自己的婚姻已经没有希望了，于是破罐子破摔。事实上，你还是可以挽救你们的感情的，但前提是你必须要和对方

好好谈一谈，试着解决你们之间的分歧。你可以这样对你的爱人说：

“如果我们还是抱着这种态度的话，恐怕我们的婚姻就走不远了。我觉得有必要挽回这段婚姻，你呢？如果你和我想的一样，那咱们就坐下来，像成年人一样好好谈谈，试着解决一些问题。你愿意吗？”

如果对方愿意，那么在谈话之前，你要让他（她）同意以下几条基本法则：

基本法则 1：不要大吵大闹

只有在双方都心平气和的情况下，你和你的另一半才能静下心来听彼此说话。要知道，人们情绪激动时很有可能说出刺激对方的话，或者给对方随意扣帽子，事后才后悔不已。在你们谈话之前，问对方：

“我们能不能不要大吵大闹，就心平气和地谈谈？”

如果你开始情绪激动，不自觉地扯着嗓门，就先停下来冷静一会儿。想象着像调低立体声或电视机的音量那样控制住自己的声音，在心里默念：

“我开始无法淡定了，我需要一点时间冷静下来。”

如果对方破坏了这条法则，你也可以说：

“我们说好了不要这样大吵大闹的。”

基本法则 2：不要口出恶言

和你的爱人说话时要喊对方的名字以示亲切，而口出恶言则会让对方伤心。记住不要把“卑鄙”“吝啬”“骗子”“愚蠢”“不负责”“没脑子”“自私自利”等侮辱性词汇用在对方身上——即使对方确实像你说的那样有各种缺点。你可以对对方说：

“我们能事先说好不骂人吗？”

但如果你一时口快骂了对方，就要立马向他（她）道歉：

“对不起，我一时情急，没有下一次了。”

如果对方破坏了这条法则，你也可以说：

“我们说好了不带骂人的。”

基本法则3：一次讨论一个问题

双方一次性讨论众多问题无疑是一项艰巨的任务，而且往往会以两人争吵的形式结束。因此，你们应该一次讨论一个问题，并尽量妥协。你可以这样问对方：

“我们对很多问题都有不同看法，但我们没法一次性解决所有问题。我们可以一个一个地谈吗？你可以先选择一个问题。”

如果对方不想自己选择，你就可以说：

“我想先谈一下……”

如果对方破坏了这一法则，你就可以说：

“我们说好了要一个一个地谈。”

基本法则4：不要打断对方

认真听对方说话，不要随意打断，特别是在对方为某事而指责你的时候（即使你知道这是对方的错或对方是在冤枉你）。安静地听对方把话说完，这样对方才会认为你听进去了他（她）的话。你可以对对方说：

“我们能不打断对方说话，让对方把要说的说完吗？”

如果你打断了对方的讲话，可以说：

“对不起，我插嘴了。你继续。”

如果对方破坏了这一法则，你就可以说：

“我们说好了不打断对方的。”

基本法则 5：不要一气之下夺门而出

很多人在被他人苛刻地指责时会气得夺门而出，特别是在自己本来就憋了一肚子火的情况下。你可以问对方：

“我们能安静地听对方说话，不要一不高兴就走人行吗？”

当你觉得自己听不下去了，想摔门走人的时候，再坚持一会儿，听听对方讲了什么实质性的东西。在对方说完后，如果你仍觉得自己要冷静一会儿，或一时不知如何做出回应，可以暂时喊停，独自整理一下思绪。你可以这样说：

“你说完了是吗，我想一个人待几分钟，想想你刚才说的话。”

平和的语气会让批评的话听上去都不那么刺耳，这样你的爱人才更愿意听下去。但如果对方气冲冲地站起来准备走人，你就可以这样说：

“我们说好了在对方没说完话之前不能离开，请让我讲完，等会儿我们再休息。”

基本法则 6：不要翻旧账

你可能忍不住想和对方翻旧账。但是，揪住过去的事不放只会给你们现在的矛盾火上浇油。这样一来，你们的和解就无望了。你可以对对方说：

“我们能先说好不翻旧账，只讲眼前的问题吗？”

如果对方破坏了这一法则，你就可以说：

“我们说好了不提旧事的。”

基本法则7：不要相互责怪

但凡是夫妻，都会将婚姻中出现的问题归咎到对方头上。你们可能都对彼此心存不满而且都各有理由，想向对方发泄这种不满的情绪。你可以对对方说：

“我们可以不要互相责怪是谁做错了，而是在一起想办法解决问题吗？”

如果对方破坏了这一法则，你就可以说：

“我们说好了不要相互责怪的，就谈我们现在面临的问题。”

基本法则8：坦诚相待

如果你们的婚姻陷入了困境，而你们却仍旧不想坦诚相待，只是用一些半真半假的话或所谓善意的谎言糊弄对方，那么你们必会心生怨恨，夫妻间的信任也将很快消磨殆尽。因此，相互敞开心扉才是解决之道。你可以对对方说：

“我们可以对对方说实话吗？”

如果你过去曾对你的爱人说谎，那现在就不要再隐瞒了。直接告诉对方：

“我过去没和你说实话。”

如果对方破坏了这一法则，你就可以说：

“我们说好了要坦诚相待的。”

基本法则9：如果可能的话，寻求专业咨询

如果你们已经尝试过了在一起讨论问题，却还是难以达成共识的话，或许可以求助于专业的婚姻顾问。你可以对对方说：

“如果我们自己解决不了问题的话，可以一起去看婚姻顾问吗？”

如果对方事后又变卦了，你可以这样说：

“我们已经说好了不行的话就去向婚姻顾问咨询，而现在我们的婚姻已经亮红灯了。我正在预约一位顾问，你到时候和我一起来吗？”

在讨论影响婚姻的各类难题时，先和你的爱人约法三章会给你们的讨论结果带来很大的不同。经营婚姻绝不是一件容易的事，这需要夫妻双方的共同努力。想要给婚姻保鲜，其中一种方法就是让你的另一半知道你有多么地在乎他（她）。

向另一半表示欣赏和感恩的 8 种方法

“宝贝，你是最棒的！”

——拉尔夫·克拉姆登（1916—1987）（由杰基·格利森扮演）

所有的夫妻之间都存在这样或那样的小误会，但是其中大部分都会很快被化解。然而，很多人都不知道在接受对方的付出时应该抱着感恩的心态，特别是当你认为对方为你做的都是“不值一提”的小事时。而这正是造成夫妻矛盾的另一大原因。如果人们不及时纠正这一错误，即使是再稳固的婚姻也会出现裂痕。有的时候，婚姻中的某一方会因为一些小事（比如说，该买幼滑花生酱还是颗粒花生酱）而唠叨个不停甚至和对方争论不休，究其原因，就是因为对方从没有怀着感恩的心态与之相处。

每个人都希望得到他人的感激和欣赏——尤其是来自自己的另一半。所以你为什么不愿意给予对方你也渴望得到的东西呢？下面举出一些例子，当对方为你付出的时候（无论付出了多少），你该说些什么、做些什么，才能让对方感到你的感恩之情。

• 完成那些对方和你说过几百次要你做（而你始终没做）的事情。这些事可以是（对男士来说）帮忙洗碗、收衣服，也可以是（对女士来说）把牙膏盖子盖上或修剪草坪。

你可以对对方说："猜猜看，我刚才帮你……"

• 请你的另一半出去约会。你不需要花多少钱，一顿美味的晚餐和一场电影（让对方选择看什么）就足以让你们回味恋爱时的甜蜜了。

你可以对对方说："我们已经有很长时间没有出去约会了，你是不是很期待呢？"

• 带好吃的东西回家犒劳一下你的另一半，你可以选择巧克力、小饼干或糖果。

你可以对对方说："把甜蜜的糖果留给我的甜心。"

• 很多女性都渴望收到一捧鲜花作为惊喜礼物。当然了，你也要做好准备，对方可能会怀疑你为什么无事献殷勤："好吧，说说为什么要送我花？"

你可以说："我只是想告诉你我有多么爱你，多么感激你。"

• 找某一天（除了对方的生日或你们的结婚纪念日）为你的另一半策划一场特别的活动。你可以把孩子暂时交给保姆，然后把家里布置一下，和另一半共度浪漫之夜。你也可以选择邀请对方外出游玩。

你可以对对方说："今天我给你准备了一个特别的活动。"

• 带你的另一半去吃午饭。你在工作时会礼貌地招待你的客户，以示你对他们工作能力的欣赏，为什么就不能向对待客户那样对待你的另一半呢？要知道，一个小小的举动也会传递重要的信息。

你可以对对方说："我感激你为我所做的一切。"

- 送对方一张浪漫的贺卡作为惊喜。

你可以对对方说："我只是想告诉你不只是在情人节那天——我每一天都爱你。"

- 分享荣誉和分享你的成就带来的回报一样重要。让你的另一半知道你很在乎他们为你的成功而付出的努力。

你可以对对方说："谢谢你的帮助，没有你的话我是不会成功的。"

你和你的另一半都希望得到对方的欣赏和感恩——不只是在特殊的日子里，而是在每一天。当两人都能从口头上及行动上让对方感觉到对彼此的欣赏和感恩，那么他们的感情就会越来越深。

"婚姻生活中的关键时刻是早餐的时候。"

——A·P·赫伯特（1890—1971），英国政治家、作家

幸福的婚姻不是从天上掉下来的，而是建立在亲密无间的关系、相互信任的态度和真诚友好的沟通的基础上。和你的另一半谈谈可能会影响到你们婚姻的重要话题，比如孩子、工作、金钱和你的未来，并学会做出妥协，解决你们的分歧。记住，绝对不要小觑赞美、关爱与感恩的力量。

第二十章

和孩子、父母及亲人交流

“一个家庭不只是由孩子组成，还包括男人、女人，偶尔还有一只小动物以及感冒。”

——奥格登·纳什（1902—1971），美国作家

本章学习要点：

·怎样俘获孩子们的心·应对固执的父母和亲家的3种方法·面对家庭不和，你该说些什么·需要和年迈独居的父亲或母亲讨论的两大问题·不应该在家庭生日聚会、晚宴、婚礼或葬礼上说的那些事

感恩节的晚餐桌上，几位家庭成员正吵得不可开交，一向有耐心的父亲多次劝说未果，终于发火了：“在座的每个人都有自己的想法，那我呢？我什么时候能说出自己的想法，哪怕一次也行？”坐在他旁边的小女孩拽了拽他的衣袖小声说道：“很简单啊，你掉几滴眼泪就行了。”

怎样俘获孩子们的心

> “对你的孩子好一点，毕竟他们以后要替你选一家养老院。”
>
> ——史蒂夫·赖特（1955—　），美国喜剧演员

20世纪50年代的电视节目《人小鬼大语惊人》的主持人亚特·林克莱特知道如何让他采访过的孩子给予他最正面的评论。在问过孩子们问题后，他会认真听对方的回答。另外，林克莱特总是能让孩子们频频发笑，并让他们感到自己很重要。如果你能做到以下几点，你也可以和林克莱特一样俘获孩子们的心：

• 面带微笑，让孩子们感到你是真的对他们说的话、做的事感兴趣。你可以问他们：

“你在做什么呢（做什么积木模型、画什么、玩什么游戏、制作什么等）？”

• 就孩子们感兴趣的事件、话题或流行文化询问他们的看法、观点和感受。只要你提出了问题，孩子们就会告诉你他们的想法和感受。你可以问他们：

“你觉得《哈里·波特》系列的新书（电影、游戏等）怎么样？你喜欢看吗？”

“为什么你这么喜欢××？”

“放学回家做完作业后你最喜欢做什么？”

• 经常地表扬他们表现良好的方面。你可以说：

“你真的很擅长……”

"你对……很有天赋。"

• 孩子们和大人一样，如果在你请他们做事的时候能表现出基本的尊重和友好态度，他们就会更愿意听你的话。你可以说：

"请你……"和"谢谢你……"

"很感谢你的帮助，谢谢。"

• 给孩子们设定合理的规则，并严格实施。

尽管孩子们有时不愿意遵守规则，但是一般来说，当他们的父母设置的规则足够合理且要求他们严格实施时，孩子们反而会更有安全感。你可以说：

"你知道规则是什么，请遵守。"

"我们商量过了，只有在你……之后，你才能……"

"你可能不同意我说的话，但是我是你的爸爸（妈妈），我说了算哦。"

• 当你犯错的时候（如果你犯了错），就要勇于承认并向孩子们道歉。

孩子们知道，所有人——甚至包括他们的父母——都会犯错。你也可以借此机会让孩子们知道，你是如何承担责任并从自己的错误中汲取教训，特别是在这件事涉及孩子的时候。他们就会打心底里尊敬你，并以你为榜样。你可以说：

"我不应该说你……，是我错怪你了，我向你道歉。"

"对不起，是我弄错了。"

"……是我的错。"

• 在适当的时候，通过与孩子们交流并提出问题，鼓励孩子自己得出结论或做决定。你可以提出这样的问题：

"你觉得该怎样应对这种情况呢？"

"如果你是老师，你会对这样一个……的学生说些什么？"

“只要我同意，选择权就在于你。现在说说看这种方法各有什么样的利弊？”

向孩子表示尊重有助于其建立自尊

你对孩子说的话可以帮助他们建立自尊，也有可能打击他们的自尊。同时，尊重是双向的，尊重孩子们的想法——即使他们的想法和你的不一样——也会反过来让孩子们尊重并考虑你的意见。记住，和孩子相处时不要做出有可能伤害孩子自尊和自信的行为或评论。

不要说：“你不应该有那样的想法。”

而要说：“我记得自己也曾有过那样的想法。”

不要说：“你真是太荒唐了！”

而要说：“为什么你会那么想呢？”

不要说：“这是我听过的最愚蠢的事情。”

而要说：“你这么做很有创意（很与众不同、有创新意识等）。”

不要说：“你应该结交一些更好的朋友。”

而要说：“不要让你的朋友左右你的想法。”

不要说：“你怎么这么笨啊？”

而要说：“每个人都会犯错，吸取教训就是了，下次你一定会做得更好。”

不要说：“你凭什么觉得自己可以成功？”

而要说：“很多你一开始并不看好的人最终都会……”

不要说：“你肯定做不成……”

而要说：“先试着去做这件事，感受一下，然后再决定是否要继续。”

不要说：“你根本不知道自己在说些什么。”

而要说："你能举出事实证明你的观点吗，还是说你只是在陈述自己的想法？"

不要说："照我说的做，不要照我做的做。"

而要说："我会努力为你做好榜样，但是我有时免不了也会犯错。"

不要说："你这个懒孩子。"

而要说："有些事情如果你想做成功的话就必须多付出一些努力。不要半途而废，你肯定能看到最后的曙光。"

你的话会给孩子带来很大的影响。孩子们虽然年纪小，但和成年人一样有自己的想法和感受。如果你在和孩子们说话时能考虑到这一点，你们之间就可以建立相互尊重、相互信任的关系，这种关系甚至可以延续终生。

应对固执的父母和亲家的 3 种方法

"我不由得讨厌我的那些亲戚。我想这其中的原因就是我们中没有谁能忍受与我们有同样缺点的人。"

——奥斯卡·王尔德（1854—1900），爱尔兰出生的英国剧作家

法国的福熙元帅（1851—1929）曾在访问美国时提出要去看看著名的天然奇景——科罗拉多大峡谷。福熙元帅凝视着这深不见底的巨谷，突然转过身对随行的人说道："没有哪里比这里更适合推丈母娘下去了。"

很多笑话都是以人们的父母或亲戚的故事为蓝本创作的——尤其是男人们的岳母，更是各类经典笑话嘲笑的对象。但如果你们的亲人总是软硬兼施地干涉你和爱人的生活，让你们凡事都按照他们的想法来做，那恐怕你就没那么容易笑得出来了。麻烦的是，如果你不同意他们的做法，他们就会感到不痛快，骂你忘恩负义。如果你坚持己见，而事态的

发展并不像你预见的那样，他们又会说："看吧，我说了你应该听我的！"

话又说回来，如果你凡事都对父母妥协，他们就会试着进一步全面地控制你——从你住在哪里到你怎么带孩子再到你天天吃什么，都要按照他们的想法去做。面对这样专制的父母或亲家，你该怎样做才能摆脱他们的束缚？

争取通过和平的方式维护自己的独立权，不要和对方争吵。你要明白强攻不如智取的道理，在适当的时候以退为进，从而达到目的。下面三条策略可以帮助你应对专制的父母或亲家。

策略 1：选择你要打的战役

如果你还是像孩子那样懵懵懂懂，就不要怪你的父母或亲家长期干预你的婚姻生活。因此，不要对对方所有的建议都一竿子打倒。没错，你的确能打赢几场战役，但是到头来你还是会输掉整场战争。（千万不要以为自己和父母或亲家的关系不好不会影响到你的婚姻。）最好的办法就是从对方所给建议中找出你认为对你有利的建议并乖乖遵从，这样一方面你不会吃亏，另一方面也给了长辈面子。但是长辈也不能做到面面俱到，余下的生活经验就要靠你自己领悟了。

策略 2：不要争吵——要学会倾听

大多数父母和亲家都急切地想扮演拥有丰富经验的顾问的角色。他们可以帮助你得到你想要的东西（或者是他们认为你想要的东西），这让他们感到自己很重要。然而，如果面对他们善意的建议，你的第一反应是冲他们大喊"管好你自己的事就行了！"，你无疑会让对方感到难过和气愤，甚至你们的关系也会因此疏远。

事实上，在听到建议后，你应该做的是深呼吸，停顿一下，而不是急着开口反驳。看着对方的眼睛，诚恳地说：

"我在听呢，继续说吧。"

“这个想法很有趣，具体怎么做呢？”

“还有什么其他办法可以应对这种情况吗？”

“下一步怎么做？”

“这么做会让我们的计划……”

如果你想讨好自己的父母或亲家，也可以直接问：

“您能给我一些建议吗？”

接下来，对方就会带着满足的微笑耐心地告诉你他（她）的想法。在倾听的过程中，你也要根据客观实际确定对方的建议是否合理。毕竟，大多数长辈在给你建议时都是真心为你好，如果你因为思想叛逆，听不进老人言而把他们的建议当做耳边风，那到时候吃亏的就是你自己了。

你越是信赖自己的长辈，愿意听他们提出的建议，他们就会越高兴、越有成就感。你只需掌握分寸，别让他们做得太过就可以了。

策略 3：自己做决定

如果你不想事事都向专制的父母或亲家妥协，你和你的爱人就必须学会自己做决定，并承担其后果。大大方方地说出你自己的想法，但注意表达方式要有礼貌。你可以告诉对方，你很感激他们的付出和帮助：

“谢谢您的建议，我们到时候会告诉您我们的决定。”

“和您谈过以后我的确明白了很多，谢谢。我们现在还没做最后的决定，但是我们会抓紧的。”

“我们喜欢您的……（想法），但是我们还不确定……是否适合我们的整体计划。我们还要多一点时间考虑一下这次讨论的内容。”

如果你延迟了决定，对方可能就会直接否决你的想法，并且软硬兼施，希望你能听从他们的建议。但你还是要保持理智，不要全盘接受对方的建议，也不要和他们作对，专挑他们不喜欢的事做。你可以这样说：

“感激您为我们所做的一切，包括您的建议。但是，最后我们还是要做对我们最有利的决定。”

面对家庭不和，你该说些什么

> “一个内贼比百个外贼更厉害。”
>
> ——阿拉伯谚语

家庭成员间的赌气、争吵或冷战会伤害到每一个人。另外，家庭矛盾持续的时间越长，造成的伤痛就越大。因此，人们应该抱着虚心的态度承认自己犯了错，并对自己的言行造成家庭不和而道歉。同样地，接受对方的道歉表示你愿意原谅对方，希望大家一起忘了这段不愉快的回忆。有的时候，只要有人踏出第一步，一切矛盾就迎刃而解了，而你就可以是那个让家里重新充满和谐与欢乐氛围的人。你可以这样和对方说：

“我觉得为了我们之间的一点小分歧而伤害家人的感情太不值得了，你说呢？”

“我不想在纠结这个问题了，希望你也可以。”

“我承认这是我的错，对不起。”

“我们就承认彼此间存在不同的意见吧，没什么大不了的，随它去好了。”

“我希望我们能忘了这件事。”

需要和年迈独居的父亲或母亲讨论的两大问题

> “不要害怕老年痴呆症。即使你得了这个病，你也不会意识到这一点。”
>
> ——比尔·考斯比（1937—　），美国喜剧演员

漫画家阿尔·赫希菲尔德（1903—2003）在70多年的时间里描画过很多娱乐圈人士的面孔——从查理·卓别林到琥碧·戈柏。这位老人在快要年逾百岁时仍随身携带着铅笔、墨汁、橡皮和画笔。“这就是我的乐趣所在。”他说道。在他接受某纪录片的采访，讲述他的生平事迹时，他说：“我对以后要发生的事或曾经发生过的事不感兴趣，我只关注于此时此刻发生的事。”

和年迈的父亲或母亲一起做决定正意味着要解决“此时此刻”的事。根据老年保健专家的说法，带上父亲或母亲一起做决定（只要可能的话）是维系成年儿女与年迈的父母和谐共处的最佳方法。

年迈的父亲或母亲也有和孩子一起做决定的能力和愿望，面对日常生活中的大多数问题，他们都可以自己做决定。老年保健专家强烈建议，子女要及时和年迈的父亲或母亲讨论这样两个关键的问题，以免出现突发状况后要临时做决定。

问题1：你是选择让年迈的父亲或母亲留在家里颐养天年，还是送他（她）去有辅助生活设施的老年公寓？

讨论这两种生活方式的利弊，帮助父母做出最好的选择。你可以这样说：

“再过不久，您就需要有人帮您准备饭菜、打扫卫生了。您现在不必做任何决定，但是要考虑好怎样做对您、对我来说才是最合适的。您可以继续住在这里，然后等我不时过来帮帮忙，您也可以住在服务周全的退休社区。您更喜欢哪一种选择？”

如果你认为有辅助生活设施的老年公寓对你的父母和你来说都是最佳选择，你可以先和父母说说在家里住的好处和坏处。你可以这样说：

“我觉得在家里住最好的一点就是您已经对周围的环境很熟悉了。”

“但是这也有很多弊端。比如说，您会记得按时吃药吗？另外，如果您身体不舒服，或者您不小心滑到了，该怎么办？您知道我为什么会担心您一个人住在这里吗？”

接着说："我觉得住在老年公寓的确有很多好处。"

"那里有人负责管理家务、准备饭菜，您可以享受医疗及交通服务，还可以参加那里的娱乐活动，而且人身安全也有保障。您完全不必担心任何事情，我也自然就放心了。另外，那里还有很多和您一样的老年人，大家在一起做伴也不孤单啊。"

找到合适你的父亲或母亲并在你的预算范围内的老年公寓

不同的老年公寓在服务和价格方面都有很大差异。千万不要在完成以下事项之前就让你的父亲或母亲同意住进老年公寓：

- 锁定几家口碑不错的公寓
- 单独实地考察一下，排除不适合的公寓
- 和父亲或母亲说说那里有哪些周到的服务
- 和公寓里的住户聊聊
- 比较几家公寓的硬件设备、平均费用和服务水平

问题 2：你应该限制或者阻止年迈的父母开车吗？

对于很多渐渐老去的成年人来说，自己开车和独立生活这两件事就是自尊的代名词。当然，你也希望自己的父母能够尽可能多享受能够独立生活的时光。然而，如果你的父母的确年事已高而无法安全驾车，这时你就应该和父母谈谈，请他们面对现实了。

你要怎么确定现在已经到了要限制或阻止父母开车的时候？首先，你可以让父亲或母亲开车时载你一程，感受一下他（她）的驾车技巧。接下来再问对方下列问题，看看是不是已经到了要做出改变的时候了：

1. 你是否在最近一个月时间内发生过两次或多次轻微的交通事故？
   是______　否______

2. 你是否在最近一个月时间内两次或多次违反交通规则？

是______ 否______

3. 你是否在最近一个月时间内有过超过两次侥幸脱险的经历?

是______ 否______

4. 你是否在最近几个月时间内发生过严重的交通事故?

是______ 否______

5. 你是否在使用方向盘、踩刹车或油门时感到自己的灵活度大不如前?

是______ 否______

6. 你是否在并道、变道时感到慌张，或在红灯亮时左转?

是______ 否______

7. 你的驾车速度是否比标识的车速限制慢 15 英里 / 小时甚至更多?

是______ 否______

9. 当你开车载其他人时，他们表现得很紧张吗?

是______ 否______

10. 其他的司机是否对你按喇叭，或者行人是否会因为你的开车技术而冲你大喊?

是______ 否______

11. 你在转头看车身两侧的车道时是否感到身体不够灵活了?

是______ 否______

12. 你在拥堵的车流中驾车时是否感到焦虑不安?

是______ 否______

13. 你在交叉路口遇到绿灯时会放慢车速吗?

是______ 否______

14. 你有时是否会忘记怎么开车去原本比较熟悉的地方?

是______　否______

15. 你家里是否有其他的家庭成员表示很担心你在外开车?

是______　否______

评分方法:是 = 1;否 = 0　总分:______

解读分数的含义:

如果你的父母测试分数为 0~3 之间 = 目前情况还好

这一分数表明你的父母有能力开车,而且开车较安全——但只是目前而已,你仍然要和他(她)讲安全驾驶的问题。留意答案是“是”的问题,从这些问题着手,为保障父母的驾车安全做出必要的行动。(有的父母在回答时可能会歪曲一点事实。)随时留心父母开车的情况,以便根据情况作出调整。

如果你的父母测试分数为 4~7 之间 = 减少开车的次数

这一分数表明你的父母对在某些情况下开车已经感到力不从心。现在已经到了必须和他(她)谈谈安全驾驶的时候了。用温和、敬重的口吻建议对方改变平时开车的方式,你可以这样说:

“爸爸(妈妈),我想和您谈一下您开车的事情。您开车的技术很好,但我觉得您还是不要在晚上或交通高峰时段开车了。另外,您也要避开在高速上开车或长时间开车。”

随时留心父母开车的情况,以便根据情况作出调整。

如果你的父母测试分数为 9~15 之间 = 停止开车

这一分数表明你的父母是时候停止开车了。大多数老年人都不愿意交出车钥匙,但是如果你的父母仍在开车,那么他(她)就是在拿自己的生命,同时也是他人的生命开玩笑。你可以用平和的语气劝说你的父母:

“妈妈(爸爸),这已经是这个月您第三次发生意外事故了(收到罚单、侥幸脱险等)。我觉得您不应该再开车了,在发生更严重的事故或伤到人之前，把车钥匙交给我保管吧。”

如果你的父母强烈抵触你的建议或拒绝承认自己开车有问题，就请你的家庭医生出面和他（她）谈。年老的父母一般都会听从医生的建议。如果你的父母连医生的话都不听，那你就提议和对方一起去车辆管理所进行驾驶考试和测验，好让你的父母打消继续开车的念头。

你也可以建议你的父母采用其他出行方式，比如步行、拼车、公共交通工具、自行车或利用老年人服务机构等。最后，你可以对父母说：

“我不想替您做决定，告诉您以后不能开车了。您还是自己做决定吧。”你的父母会感到你是一个明事理的人，而且懂得怎样做出正确、安全的选择。

和年迈的父母相处的法则

和年迈的父母交流时常会考验到你的劝说技巧和耐心。你需要注意下列法则：

该做的事：

- 多陪陪父母，了解父母的近况
- 和家庭成员、亲友或医生讨论一下父母的健康状况、居家生活和开车现状
- 尽早提出你对父母的担心，出了状况就来不及了
- 保持耐心，多给父母一点时间消化你提出的建议，弄清楚疑惑的地方并作出决定
- 保持冷静和语气平和，千万不要在父母面前有优越感
- 向父母解释，随着父母的某些情况发生改变，其他家庭成员也要做出相应的调整

不该做的事：

- 父母一提起你年少无知时做过的事情，你就翻脸

- 对父母说教或以居高临下的口吻和父母说话
- 指望父母记住你说过的每一句话
- 使用不尊敬或苛刻的语言
- 威胁说要向父母施压，以此要求他们做自己不愿意做的事
- 指望年迈的父母能在不被经常提醒的情况下改变他们的习惯

不应该在家庭生日聚会、晚宴、婚礼或葬礼上说的那些事

> “你看见我这只手表了没？这只高贵典雅的超炫金表上还承载着我的家族故事，它是我的祖父在临终前卖给我的。”
>
> ——伍迪·艾伦（1935—　），美国喜剧演员

在一场盛大的婚礼招待宴上，新娘的父亲正在和来到现场的客人握手，以示谢意。这时他发现自己原来已经和新郎的母亲第二次寒暄了，而且还说了不少时间。

“但是您已经对我说过晚安了。”新郎的母亲略带讽刺地说。

“哦，是啊，我是说过了，”他回答道，“但是和您说再见总是一件令人愉快的事啊。”

人们经常会在家庭聚会，诸如生日会、节日聚餐、婚礼和葬礼等这些特殊场合中说错话。下面举例说明在这些情况下你不应该说的话：

1. 在生日会上失言

“你看上去状态真好。你去整容了吗？”

“我们相处这么多年来，你没发现我们在……上有矛盾吗？”

“你长胖了吗？”

“说真的，你今年到底多大了？”

2. 在家庭聚餐时上失言

“亲爱的，你有很多才能，但恐怕做饭不是其中之一。”

“对不起，我们必须先走一步，还要去拜访几个朋友呢。”

“我肯定是吃了什么不好的东西。”

“我还以为你知道我对……过敏。”

“又是汉堡包？！”

“我原来看到……就想吐，但现在已经好多了。”

3. 在婚礼上失言

“我希望他（她）的这次婚姻能比上一次维持更长时间。”

“谢谢你送给孩子们的银托盘，但不巧的是，他们已经收到了三个这样的盘子，你介意他们把盘子还给你吗？”

“他（她）的前任比这位好看多了，也有钱多了！”

“我不知道你是不是真的了解她这个人……”

4. 在葬礼上失言

“这倒也是件好事。”

“他（她）走得可真不是时候（这一走可真及时）。”

“你又得找人结婚（再生个孩子）了。”

“我丈夫（妻子）的病情原来比他（她）还要糟，这不也活得好好的嘛。”

“你觉得这个棺材要多少钱？”

“希望他留给你不少钱。”

“办葬礼就是费钱费时间的事。”

在家庭聚会上畅所欲言可以活跃气氛、引大家发笑，但如果你总是口无遮拦，就有可能冒犯他人甚至引发家庭纠纷。在上述场合中，你要善于察言观色，在恰当的时机用恰当的词语表达你的想法，保证和亲朋好友间的顺畅交流。

> “命运替你选择谁是你的亲人；但你可以自己选择谁是你的朋友。”
>
> ——雅克·德力尔（1738—1813），法国诗人

让我们面对现实吧，和你爱的人交流实际上需要很多技巧。你的孩子们需要你的保证，需要你做到言行一致并给予他们尊重。记住，孩子们总是以他们的父母为榜样的——不管是好榜样还是坏榜样。对于固执的父母和亲家，适当的顺从反而可以让他们不那么急于安排你的生活。年迈的父母不愿服老，还想和当年一样独立的生活，但是他们的确已经到了需要你帮助的时候。总而言之，礼貌是人类共处的金钥匙，特别是在你和亲朋好友交谈时，礼貌更是必不可少的品质。

结 语

现在，你已经了解了在不同的场合中和人交谈时应该使用的词汇、开场白，也看到了不少例句。你会发现，只要稍加练习，无论何时何地你都能充满自信、镇定自若地和他人交流。记住，只要你是真诚地和人交谈，并且尊重对方的观点，大多数人都会以积极的态度回应你。最后，做真实的自己，表现出你的幽默感，记住威尔·罗杰斯的智慧箴言：“每件事都是有趣的，只要它发生在别人身上。”